売上の
8割を
占める

優良顧客を逃さない方法

大坂祐希枝
マーケティングコンサルタント
元WOWOWコミュニケーションズ取締役

利益を伸ばす
リテンションマーケティング入門

ダイヤモンド社

はじめに

56万人加入しても5千人しか残らない!

1年間の新規加入者数が56万人。しかし、解約する人が多いために年間ではたった5千人しか会員が残らない……。この数字を聞くと、ほとんどの人が驚きます。

これは、私がいたＷＯＷＯＷが、会員の解約が多くて困っていたころのリアルな数字です。みなさんがご存じのとおり、ＷＯＷＯＷは有料放送で、加入者に毎月料金を支払って見ていただきます。料金は1契約で月額２３００円（税抜き）。24時間放送の３つのチャンネルの番組をどれだけ見ても同じ金額です。

水道や電気といった生活に必ず必要なインフラでもなく、無料のテレビチャンネルが当たり前だった時代に、この「有料放送」を受け入れてもらうのは至難の業で、１９９１年に開局したＷＯＷＯＷは広く会員を獲得しようと、テレビコマーシャルなどの宣伝はもちろん、「加入したら○ヵ月無料！」といった施策を中心に、会員を獲得していました。

そうした努力の甲斐もあって、WOWOWの認知度は上がり、開局から10年間ほどで250万件を超える総加入者数になりました。

しかし、その勢いをその後も続けるのは難しいことでした。デジタル放送のスタートによって、それまで主流だった代理店（家電メーカーの販売店など）経由での契約が減少し、顧客が直接にWOWOWに加入・解約を申し込むようになった頃から、解約が増加したのです。


WOWOWが放送するコンテンツは、地上波では放送されない海外サッカーやテニスなどのスポーツ中継や映画などが中心ですが、加入したばかりの人の中には、そのような「お目当てのプログラム」が終わってしまうと解約する傾向がありました。もしくはキャンペーンの無料期間が終了した段階で解約してしまう視聴者もたくさんいました。

そのため、どんなに大勢の会員を獲得しても、それに伴う流出も止められず、年々、新規の会員の獲得を伸ばしてもそれ以上の解約が発生する構造になってしまい、会員が減る……という悪循環に陥ってしまっていたのです。

どの企業も同じ悩みを抱えている

そんな悪循環を断ち切るべく、「解約を止める」ための部署が立ち上がり、その初代部長になってしまったのが、マーケティングのまったくわからない私でした。

当時女性の部長はひとりもおらず、もともとは、いわゆる放送畑にいた私にとって、青天の霹靂《へきれき》でした。

先入観がなかったのが幸いしたのか、私はいろいろな方法を試みて、ついに現場で顧客を引き留める「大事な考え方」に出会いました。

そして、それを実行することで、４年連続顧客が減っていたＷＯＷＯＷの顧客数は増加に転じ、その後10余年連続加入件数純増を達成するというＶ字回復につながっていきました。

今、多くの企業が同じような悩みを抱えていると感じています。

自社の顧客から毎月料金をいただいている会社だけでなく、たとえば通販部門がある会社や、ＷＥＢ上の会員組織を軸にビジネスを展開している会社など、消費者と直接向き合う企業であれば、どこでも「顧客の減少」や「売上の減少」に頭を悩ませていると言っても過言ではありません。

実際に、私がWOWOWを退社した時に、この「顧客を逃がさない方法」をぜひ教えてほしいと、コンサルティングの依頼をいただき、多くの会社のお手伝いをしてきました。現在はその中でも、少子化の逆風の真っただ中の教育関連会社の執行役員として「顧客を減らさないためのマーケティング」の仕事をしています。

WOWOWのような有料放送でなくても、顧客に継続的に自社の商品やサービスを利用してもらうことで成り立っている企業の構造は、みな同じです。

大切なのは新規顧客の獲得ばかりに力を入れるのではなく、今いるお客様にいかに継続してもらうか、つまりリテンションマーケティングを行うことです。このリテンションマーケティングを実践することで会社の経営体質が盤石なものに近づき、将来を見通して次の投資への一手が打てるようになると私は考えています。

今回、多くの会社が悩んでいることの解決手段の一つとなれればと、WOWOWの協力も得てこの本を書くことにいたしました。
どうしたら、顧客の流出が止められるのか、そして喜んで継続してくれるのか……そのヒントがこの本によって見つかれば、こんなに嬉しいことはありません。

2018年7月吉日

大坂祐希枝

CONTENTS

第2章
継続してもらうために
解約の理由を探る……057

第4章 隠れた優良顧客をあぶり出す方法

最終章

会社が成長するには、顧客を深く理解する

第1章

今までうまくいっていたはずの拡大路線が崩壊する

解約はなぜ増加するのか

「内示です。解約を止めて顧客の減少をストップさせるための部署を作る。あなたにこの部長をやってもらう。早急に、1件でも多くの解約を止めてください」

突然社長に呼ばれ人事異動を内示されたこの日を、今もはっきり覚えています。

正直、私は「うわっ！　ババひいちゃった……」と思いました。WOWOWで女性が部長に任命されるのは初めてだったにもかかわらず、喜びよりも困惑の方が強かったのです。そのくらい、解約を止めるのは難しいという認識でした。

私が勤めていたWOWOWは1991年の開局以来、11年間総加入件数を伸ばし続けていましたが、12年目の2002年度、その件数が初めて減少に転じ、その後4年連続で加入者が減少し、立て直しに苦しんでいました。

原因は解約の増加。一生懸命新しい加入者を増やしても、それを上回る件数の解約が発生してしまう。輸血しながら出血しているような状態に、どうすればよいのかわからなくなっていました。

そんな時に会社がぶちあげた解約を止めるという方針。じつはそれまでにも、異なる部署から集められたメンバーによって解約抑止対策のプロジェクトチームが編成されたこともありました。しかし責任者が曖昧になりやすいプロジェクト体制だったからか、目立った成果があがっていませんでした。

プロジェクトチームによる解約防止が成果をあげず、その理由もわからないまま解約件数は増加し、社内には「解約は止められないもの」という認識が定着。「対策を打っても解約は減らない」が常態化する中で、解約を上回る新規加入を獲ることに全社がやっきになっていました。

しかし実際には、解約件数並の新規加入を獲るのも生易しいことではなく、結果的に、総加入件数は減少していったのです。

どこの企業でも、営業成績が伸びている時は、社内は明るくなりますが、売上が伸びないと澱《よど》んだ空気が広がります。ＷＯＷＯＷも解約の増加を抑えられず、新規顧客の獲得で顧客減を埋めようという戦いに、全社が疲れていました。

そんな時に命じられた解約防止を目的とした部のトップ。社長から「今度はプロジェクトではなく、責任部署を立ち上げ、起死回生を図る」と言われたのです。

偶然が重なった「部長」任命

私が社会人になったのは１９８５年に制定された「男女雇用機会的法」施行以前で、「女性活躍推進」などの発想すらない時代でした。多くの企業が、総合職は男子のみ、女子は一般職だけという採用方針でした。

大学時代ラジオ局で番組制作のアルバイトをしていた私は放送の仕事に就きたいと考えましたが、大卒女子を募集する放送局がほとんどなく、アルバイトの縁を頼りにラジオたんぱ（現・日経ラジオ社）を受験し入社しました。

その後、１９９４年に開局前の東京ＭＸテレビ（東京メトロポリタンテレビジョン）に転職。１期生として開局に携わり、数年後にＷＯＷＯＷに転職しました。

ＷＯＷＯＷ入社後は主に番組宣伝やコンテンツを活用した事業など、それまでの広告放送の局での経験を生かした「放送畑」の仕事をしていました。

たとえば、なかなか新聞の番組表や芸能欄に紹介してもらえない有料放送の番組の掲載を、東京の中央紙はもとより全国各地の新聞社をまわって働きかける。また、日本でイタリアンレストランを開いているハンサムなシェフに出演してもらい、ワインの販売会社に、イタリア料理の番組にタイアップしてもらったり、というような仕事です。

そんな日々を7、8年過ごした後、新たに設立された部署の部長になったのです。

社会人になって20余年、3社の放送局を経験したその頃も、放送業界は男性中心で、女性が管理職につくこと自体が珍しい時代でした。私の部長就任について、取引先の方や女性の友人たちはお祝いしてくれましたが、男性の同僚には私と距離を置く空気があったのを覚えています。

当時、社外の人も交えて何人かで食事に行った時、

「女性なのに部長になって、大変だって社内で言われてるよ」

「女性は男の3倍がんばらないと認めてもらえないね」

などと社内の参加者に言われたこともありました。

今だったらセクハラで訴えられるのを気にしてひかえるのでしょうが、そんな発言が、社外の人の前でも普通に出てくるような時代でした。

部長以上の会議では女性は私だけという環境で、男性に取り囲まれ違和感を覚えながら仕事をしていたものです。そしてこの時をスタートに、その後「初の女性局長、女性取締役」と昇格のたびに「初の女性○○」と言われる女性管理職人生が始まりました。


そんな女性管理職が珍しい時代に私を部長にしたのは、社長の和崎信哉氏（当時。現・WOWOW取締役相談役）で、2006年にNHKからWOWOWに転じたばかりのころでした。

当時の放送界では珍しかった女性部長を誕生させた理由を、社長に尋ねました。

「視聴者の半数は女性。その女性の視点を放送・経営に活かすのが、最大の課題と認識していた。そのような視点でWOWOWに来てみると、女性社員の割合がまだまだ少ないが、その中でも女性を管理職に登用する芽は出てきていると判断した」と社長は答えました。

つまり、私の部長昇格は、社会の変化の兆しや経営者の考えにサポートされたものであり、数年早かったら、あるいは経営者の考え方が違っていたら実現しなかったことかもしれないのです。管理職以上の人事は、もとより社会情勢や経営者の考え方の影響を強く受けるものですが、私の場合もそうだったと思います。

この時、部長に昇格したことによって、**私は知識も経験もないリテンションマーケティング、つまり顧客との関係を維持していくためのマーケティングと向き合っていくことになります。**

その当時は「なぜ私がこの部の部長？」と当惑しましたが、それがきっかけでその後のさまざまな仕事にマーケティングの知見が生かせるようになり、経営に関わる視点も持てるようになったわけで、今はとても感謝しています。

一方、当時社長が、マーケティング未経験の私に、いきなり解約防止部門の部長をやらせようと考えたのは「女性の視点を、放送や経営に活かすという期待感」があったようです。

「リテンションマーケティング」とは何か

そもそもリテンションマーケティングとは何でしょうか。

「リテンション」は、日本語では、保持、維持、記憶などと訳されます。マーケティングの分野では顧客との関係を維持することを意味します。

既存顧客維持コストと新規顧客獲得コストの関係については、「1：5の法則」が一般的に知られています。既存顧客の維持に比べ、新規顧客の獲得には5倍のコストがかかるという考え方で、**新規顧客獲得よりも既存顧客維持（リテンション）に力を注いだ方が得策と**いうことです。

特に一度契約を結ぶことで定期的に料金の支払いが発生する会員制事業（サブスクリプションモデル）においては、顧客の解約を防ぎ、継続的にサービスを利用してもらうことが安定して利益を上げるポイントになります。

しかし企業は一般的な傾向として、リテンションよりも新規顧客の獲得の方により大きな関心を寄せています。「新規顧客の獲得により重点を置く企業が44％であるのに対しリテンションに重点を置く企業は18％」というデータもあります（invesp LLC「Costs of customers acquisition vs, customers retention」）。

有料放送は会員制事業なので、リテンションマーケティングは非常に重要ですが、当時の社内にはそもそも「マーケティング」が必要だという考え方も、それを行う部署もありませんでした。

これはＷＯＷＯＷに限ったことではなく、**マーケティングの視点が社内にない、マーケティングをしっかり実践する部署がないという状態は、今でも日本の会社には珍しくありません。**

マーケティングという言葉は非常に一般的で、皆が知っていますが、それが何のために何を行うことなのかという点では、各社解釈がまちまちです。現場の営業マンの中には、マーケティングに対して「数字ばっかりいじって、何も解決しない」といった不信感を持つ人もまだまだいるようです。当時のＷＯＷＯＷもまさにそのような状態でした。

「解約を止めるのは難しい」という認識が社内に蔓延するなかで、新たに解約防止部が発足し、部長の私を含めメンバー６名は不安な船出をしたのでした。

なぜＷＯＷＯＷの顧客は大幅に減少したのか？

ここで、簡単にＷＯＷＯＷの歴史をご説明します。

ＷＯＷＯＷは、１９９１年に日本初の有料ＢＳ（放送衛星）放送局として開局しました。当時、テレビの衛星放送チャンネルはＮＨＫ‐ＢＳとＷＯＷＯＷだけ。ＷＯＷＯＷは、ＢＳ放送が受信できる（映る）テレビの普及という、総務省と家電メーカーが進めていた政策に乗って、家電メーカーの販売店と代理店契約を結び、テレビを購入した顧客にＷＯＷＯＷを併せて勧めてもらうという方法で新規契約を獲得していました。

視聴契約の代理店としての電気店には、もう一つの役割があります。

有料放送は、画面にスクランブルがかかっています。地上波のようにリモコンでチャンネルを選ぶだけでは映りません。放送局と契約することによって、スクランブルを解除する鍵となる信号が衛星から送信されて見られるようになります。

現在のテレビはデジタル放送ですが、ＷＯＷＯＷの開局から２０００年まではアナログ放送だけでした。アナログ放送ではスクランブルを解除するためにデコーダーという装置が必要で、電気店は代理店としてデコーダーを販売していました。

ＷＯＷＯＷは開局後、家電メーカーの販売ルートを代理店として順調に加入数を増やし、開局翌年の１９９２年度末には加入世帯数を１２２万世帯まで伸ばしました。開局25周年だった２０１６年度末が約２８２万世帯ですから、最初の1年間で、その半分弱にあたる加入世帯数を獲得していたことになります。

開局後しばらくの間、有料放送局はＷＯＷＯＷだけという競合のいない市場で加入を募ることができ、映画やスポーツ中継など番組コンテンツの獲得も余裕を持って進めることができていました。

独占状態の市場にライバルが登場

しかし数年後の90年代中盤を過ぎるころに競合が登場します。現在のスカパー！の前身であるＣＳ（通信衛星）放送のパーフェクＴＶやＪスカイＢがサービスを開始したのです。

日本の有料放送に競争が生まれました。

そして90年代後半には、有料放送業界はBS放送のWOWOWと、CSチャンネルのプラットフォームのスカパー!が加入者数を競う時代に突入。スカパー!も家電メーカーの販売店を代理店にしていたので、家電販売店のテレビ売り場は、WOWOWとスカパー!が相手に見劣りしない値引きやプレゼントなどを実施しようと、販促競争に邁進する戦場となりました。

当時のWOWOWの販促施策は、顧客に対する「今入れば視聴料○ヵ月無料」や「加入料無料」(加入料は2008年に撤廃)、デジタル機器のプレゼントといった特典が中心でした。特典の内容はルート(各メーカーの家電店、ケーブルテレビ)によって差があり、無料特典を目一杯つけて獲ろうとするルートもあれば、特典をつけないところもありました。

顧客を「無料」で集める施策が主流に

91年の開局から10年ほどは、開局直後の勢いには及ばないとはいえWOWOWの加入世帯数は伸びていました。

図１－１　衛星放送の歴史

	BS		CS		
1987年	NHKBS放送開始				
1991年		WOWOW放送開始			
1996年			パーフェクTV！放送開始		
1997年				JスカイB設立	ディレクTV放送開始
1998年			パーフェクTV！とJスカイBが統合し、「スカイパーフェクTV！」開始		
2000年	BSデジタル放送開始 WOWOWはアナログ放送も並行（～2011年7月）		「スカイパーフェクTV!」にディレクTVが統合		
2011年	新BS放送開始（BS放送周波数拡大） WOWOWは３チャンネル化				

そして２０００年に、地上波に先んじてＢＳテレビ放送のデジタル化がスタートすると、最初の年こそ新規加入が伸びたものの２年目から振るわなくなり始めました。

加入が獲れなくなってくると、それまで「視聴料〇ヵ月無料」などをやらずにがんばっていた家電店ルートも無料キャンペーンを導入するようになります。そして、もともと無料施策を実施していたルートは、さらに無料期間を延ばすなど、全体的に顧客を「無料」で誘引するようになっていきました。

そして「〇ヵ月無料」特典を使って加

入した顧客は、約束したようにその期間が過ぎた後に解約してしまう傾向が顕著になりました。

商品やサービスの価値ではなく、特典で顧客を動かすことが習慣化するうち、特典がないのなら継続しないという顧客心理が形成され、中には特典を利用して再入会を繰り返す人も現れ始めたのです。

視聴料を無料にすると、本来得られるはずの収入がなくなるので、販促費でそれを補うことになります。視聴料無料やプレゼントの連打で、販促費支出はどんどん膨らんでいきました。

●加入者を増やしているのに、解約者はそれ以上に増える！

左のグラフは、WOWOWの2001年度からの新規加入数と解約数、そして新規加入数から解約数を引いた純増減数の推移です。

図1−2　2002年〜2005年、実質的な会員数はマイナスになっていた！

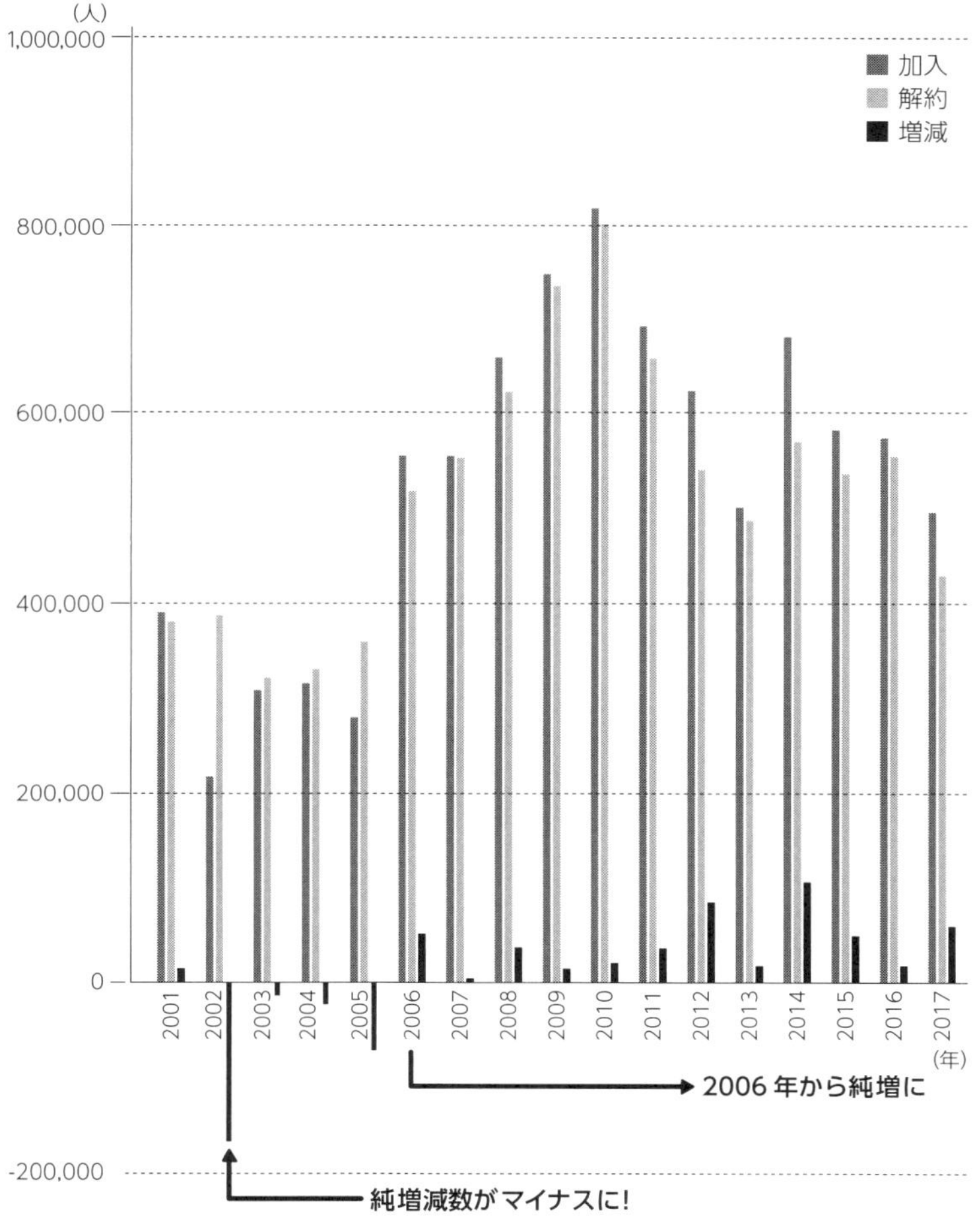

WOWOW加入数・解約数・純増減数の推移

※ WOWOW FINANCIAL INFORMATION

２００2年度から２００5年度までは、新規加入数が鈍化し、新規加入数を解約数が上回る「純減」状態が続いています。

２００6年度は、新規加入数が前年度から25万件も増えて55万8千件に達しています。その背景には、「９８０円キャンペーン」という割引キャンペーンがありました。９８０円キャンペーンは、加入した月と翌月の視聴料が加入料（当時３０００円）込みで９８０円というもので、大量の加入者を獲得したのですが、その反面、解約も前年度から14万3千件増加し、50万7千件となりました。

翌２００7年度もこの状況は変わらず、56万件もの加入者数に対して、解約数は55万5千件という実績になりました。

この本の「はじめに」に書いた「56万人増えても５０００人しか残らない」はこの年のことです。

販促費を費やして無料施策を行い、新規加入数を増やしても、解約増が伴うので、実質的には5千人しか会員が増えていないという厳しい状況になっていました。

大量加入、大量解約

顧客を対象としたキャンペーンだけではありませんでした。加入獲得の伸びが鈍化するにつれて、代理店に対しても「○件以上獲得してくれたら手数料上乗せ」といった施策が増えていきました。

加入件数を集めることがダイレクトに代理店の利益になるので、WOWOWに加入する動機があまりない人にも、「○ヵ月見たらやめてもいいので加入しませんか」といったトークで、「視聴料○ヵ月無料」キャンペーンを適用し、件数を稼ぐ代理店が増えていきました。

結局、**無料視聴期間や代理店の手数料アップで新規加入を増やしたことは、「無料期間が終わったら解約してもよい」と意識づけされた顧客を増加させることにつながりました。**

このようにして、多額の販促費をかけて大量の加入があっても、2～3ヵ月して無料期間が終わるとまた大量に解約してしまうという「大量加入、大量解約」の悪循環ができあがってしまっていました。

こんな悪循環に支えられた顧客数が、順調に増加していくはずもありません。

当時営業の現場には、「これまでは値引きやプレゼントでお客さんが増えていたのに、最近施策の効果が下がった」という声があふれていました。

以前「売れていた」実績が、問題点を見つけにくくする

じつは「これまでは売れていた」ところに落とし穴がありました。

新商品の発売や、新しい販促施策を実施する時には、どの企業も顧客の反応を検証します。しかし「これまで売れていた」実績があると、深く考えずにそのまま続けてしまい、顧客の変化に気づくチャンスを逸してしまうのです。

そうしているうちに、効果をあげていた手法が見えないところで少しずつ顧客の実態からズレ始め、顧客数や売上が落ち始めます。そうなってからではズレの理由を検証しようがありません。

特に値引きやプレゼントなどに頼る企業は、売れ行きが鈍ると、より大きな特典で顧客を動かそうとする傾向があります。問題は、特典の金額ではなく、その会社が提供する商

品やサービスとは違うもので顧客の関心を引き、売上をあげようとする点です。

しかしそこに気づかず、**特典の拡大を繰り返すと、過剰な特典が当たり前になり、それが離脱を加速させ、一方で販促費が増加するという泥沼が待っています。**ＷＯＷＯＷはまさにその泥沼にはまり、増加する解約に喘《あえ》いでいました。

わかっちゃいるけど、変えられない

そもそも、アナログ放送と同じように代理店経由でデジタル放送の契約を獲ろうというのが無理な相談だったと私は考えています。

デジタル放送は、アナログ放送とはスクランブル解除の方法がまったく違うからです。

アナログ放送はデコーダーでスクランブルを解除しましたが、デジタル放送ではテレビの横面や背面に差し込まれているＢ‐ＣＡＳカードの番号によって、契約しているテレビを特定し、スクランブルを解除する方式に変更されたのです。

この変更はＷＯＷＯＷが営業スタイルを変えなければならないことを意味していました。

アナログ契約ではデコーダーを購入してもらう場が必要でしたから、電気店が機能していました。しかしデジタル契約では、テレビに内蔵されたカードの番号は店頭でわからないため契約が電気店で完了しないという事態が起き始めていました。

代理店ルートではデジタル契約を完了しにくいことが分かった以上、顧客がＷＯＷＯＷとダイレクトに契約するルートを構築することが急務でした。しかし一方で、２０１１年までアナログ放送も行われることになっていたので、代理店を活用した契約獲得も継続しなければなりません。

消費者のデジタルテレビへの買い替え状況をウォッチしながら直接契約を拡大し、代理店を活用した獲得方法とのバランスをとりながら加入者を増やしていくことが求められる難しい期間でした。

●代理店ルートには恩義があった

家電メーカーの販売店経由で加入する「代理店ルート」は、開局以来ＷＯＷＯＷの加入を獲り続け、経営を支えてくれた恩義のあるルートであり、業界との間には密接な関係がありました。ですから、WOWOWの当時の営業部門は家電メーカーや系列販売店に向いた組織が作られていました。

さらにアナログ放送が終了するにはまだ時間があり、ドラスティックな直接契約への変更を図るのにはリスクもありました。外的状況の変化をわかっていても、経営者が変えろと掛け声をかけても、日々の営業マンの動きや営業手法は簡単には変わりません。結果として、WOWOWの直接契約への移行はスムーズには進まず、デジタルの加入はなかなかはずみがつきませんでした。

加入者が減少した大きな2つの原因

私は、WOWOWが加入者数を減少させてしまったのは、二つのことが大きな理由だと考えています。

これは私自身が解約防止の責任者になって数年後に解約が減少し、総加入者数が増加に転じた後にそれまでを総括した結果です。当時は気づいていませんでした。

一つは、これまでも述べてきましたが、目の前の顧客獲得、売上獲得のために、販促施

策の中心に自社のサービスの価値ではない特典を据えてしまったこと。そのために、解約率が高い顧客の割合が増え、さらなる特典施策で減少を補う、を繰り返し「大量加入、大量解約」の泥沼にはまってしまいました。

そしてもう一つの理由は、**放送のデジタル化という外的状況の変化に対応して営業スタイルを変更する速度が遅かったこと。**

これらはどんな業界にも形を変えて起きる可能性があり、実際にあちこちで同様のことが起きています。経営者はもちろんのこと社員も、自社のあり方を変えなければならないとじつはよく分かっています。でも、こうした事態の真っただ中にいると、何をどう変えればよいのかが分からず、変えられないのです。

顧客数が伸びなくなったらしてはいけない5つのこと

「わかっちゃいるけど変えられない」という状態が続くと、営業部門は焦ります。抜本的な解決ができなくても、目の前の目標はクリアしなければなりません。

ここで立ち止まって考えることが大切なのですが、改善策が見つからないと、これまでのやり方に固執し、かえって拡充してしまったりします。その段階になると、「してはいけないこと」がほぼ出揃います。

①割引や無料など、「安い」を売り物にする
②「今なら○○」とタイミングを強調。それを休みなく継続する
③プレゼントで目を引こうとする
④代理店やフランチャイズ任せにする
⑤自社の商品やサービスの価値を忘れる

この５つは当時ＷＯＷＯＷもやっていたことです。どの項目も事態を悪化させますが、その後の営業施策が自社の価値から離れたものになっていくという意味で最も深刻なのは、⑤の「自社の商品やサービスの価値を忘れる」ことだったと私は思います。

価格施策は、消費者に得るものを金額でイメージさせるものです。それに対して、商品やサービスの本質的な価値は、理解してもらうのに手間や時間などの説明コストがかかり、相当な工夫と努力が必要です。

しかし本質的な価値を顧客に認められずに「割引価格だから」購入されている商品やサービスが長く愛されるわけがありません。価格施策が必ずしも悪いわけではありませんが、**「今なら安い」やプレゼントは、価値を理解した顧客に、最後の決断の背中を押すために使用する**ものです。

社長の号令で解約抑止策が始まるまで、WOWOWの販促施策とは価格施策のことで、新しい施策を考えるとは「いかに新しい割引パターンを作るか」を考えることでした。

このように割引のバリエーションばかり考えていると、自分たちが営業するサービスの価値が何なのか分からなくなってしまいます。顧客減少の本質的な理由はここにあったと私は考えます。

変化を阻む成功体験

解約が増加しているという事態に気づいたら、次に大切なのは、自社の状況を俯瞰して、顧客減少に関わっていると思われる事象を洗い出すこと。そして**小規模でもよいので解約防止の成果につなげられそうな施策を作り、早く手をつけることです。**

ＷＯＷＯＷの場合も、初めの一歩は解約防止部が成果につながる動きをスタートさせたことで、その「小さな変革の芽」が後に構造を変えることにつながりました。

しかし最初から、自分たちの施策が解約抑止のポイントを押さえていて、その後の「変革」につながる自信を持てたわけではありませんし、関係者の理解もすぐに得られたわけでもありませんでした。

社内は相変わらず「販促費を追加して新規加入を増やすしかない」という過去の成功体験から離れられない人が大勢を占めていました。

「販促費を削って、解約抑止にコストをかけたい」と提案

前述した通り、その頃のＷＯＷＯＷは、既存顧客の維持にはあまりコストをかけていませんでした。

けれども冷静に数字をみるとあきらかに解約防止の方が効果があります。たとえば

2007年度のWOWOWの月間平均解約数は約4万6千件（年間解約数約55万5千件の1／12）。視聴料は月額2300円（税別）ですから、この4万6千人の視聴期間が1ヵ月延びるだけでも1億円以上の収入増になる計算です。

それに対して、月間平均解約数と同じ約4万6千件を新たに獲得しようとしたら、宣伝費や販促費は1億円では足りません。

解約抑止のコスト効率の良さはこれをみても明らかでした。「解約は少ない方がよい」という一般論的な次元ではなく、経済合理性の観点からも解約抑止にコストをスイッチすべきだと私は考えました。

そこで私は「新規獲得にあてているコストの一部を解約抑止にあてましょう」と会議で提案したのです。

「新規加入」の方が重要という考え方が主流

解約防止部の業務をスタートして1ヵ月で、まだ何の実績も出しておらず、予算を取りに行くには早すぎるタイミングだとはわかっていました。ただ、顧客動向を把握して、あ

図1－3　解約を止めた方が、利益が出る！

解約数

４万６千件

×

1ヵ月
2,300円

⇩

1ヶ月、解約者を引き止めるだけで…

1億580万円の売上をキープ

⇩

宣伝費、販促費をかけて、新規に
４万６千人入れるのは難しい！

⇩

解約者を引き留める方が効果がある！

まりの解約数の多さと、その増加スピードを目の当たりにしたことで、早急に取り組むべきだと考えたのです。

しかし会議での私の発言は、新規獲得を担当する営業部門をいたく刺激する結果となりました。

どんな組織でも同じですが、よその部署が自部門の予算に手を伸ばしてきたら内容の如何を問わず拒否したくなるのが普通です。「実績も確証も無いのに、営業の金に手を出すな」というのは、ごく普通の反応だったかもしれません。

さらに営業部門が拒否反応を示した背景には、それまでの営業手法に対する自信がありました。

開局から約10年間は、代理店などの流通に手数料などを投下し、デジタル放送のスタート以降は個々の顧客も値引き施策で誘引して新規加入を伸ばしてきました。その手法が奏功したからこそ、利用者が誰もいなかった有料放送市場に、200万件を超える加入者を持つWOWOWが誕生し、20年以上維持されてきました。

時代が変わり、市場が変化しても、その成功体験を超えられる営業手法など考えられない、というのが当時の大方の反応でした。

マネジメントスタイルも変われない

成長期のＷＯＷＯＷの営業現場では、多くの日本の組織と同様に「体育会型のマネジメント」が行われていました。

画一的な方針で全体を動かす体育会型マネジメントは、代理店経由で加入の半分以上を得ていた成長期には適した体制でした。

しかしＢＳ放送がデジタル化し、電気店を代理店としてきた獲得方式が機能しにくくなり、視聴料割引の多用で解約が増加してからはマネジメントスタイルも変更する必要がありましたが、営業部門や代理店には従来からのやり方を変えることに対する不安と抵抗がありました。

実際に、従来のやり方でも、獲得後の解約増加に目を向けなければ、見かけ上は新規契約が稼れていたという側面もありました。

２０００年代前半、総加入件数は前年を下回り続けていましたが、新規加入数は２００６年度に大きく増加し50万件を超えています。「新規加入数の増加がすべてを解決する道」と考える人々にとっては、何の文句があるのかという数字です。

実際は、視聴料割引キャンペーン終了に伴う解約増加が利益を減少させていたわけですが、それも致し方ないのだろうと多くの社員がとらえていました。営業手法を変えて解約を減らし、顧客構造を改善するという発想は生まれていませんでした。

しかし一体、何のためのキャンペーンであり、何のための新規加入の獲得なのか。

割引施策で加入した人の解約率が高いということは、その人たちが満足感を持てなかったということを示しています。**投資対効果が低く財務的にも悪影響のある割引施策が、加入者の満足にもつながっていないにもかかわらず、なぜ続けているのか。**

開局以来の成功体験に則った手法に対する自信の強さが、それ以外の方法を考え変革することを阻んでいたのだと思います。解約抑止に社全体の関心を集め、解約抑止策を大きく展開するには、まだハードルが残っている状態でした。

新規信仰を捨てろ

WOWOWは開局からの約10年間は、なぜ、解約が増加しなかったのでしょうか。

私が考えるには、まず2000年代に入ってからの顧客がWEBサイトやコールセンターに直接アクセスする加入方式を選ぶ割合が高いのに比べ、それ以前の加入方式は、家電店やケーブルテレビなどの代理店経由が中心で、良くも悪くも直接WOWOWに接触することにハードルが高い印象があったこと。そのため解約行動もとりにくい心理が背景にあった可能性があると考えます。

実際、2000年以前には、無料期間や、割引を長期間実施する販促をしても、それほど大量の解約につながらず、なんとかなっていた時期もありました。

もう1点、2000年代に入る前は、有料放送の競合企業が少なく、有力なコンテンツ（番組）がWOWOWに集中していたことです。2000年以降に比べて、新規の加入が大量に見込める番組をたくさん放送できていました。

WOWOWは開局以来、ハリウッド映画や海外のスポーツ、人気アーティストのライブなど、お金を払ってでも見たい人がたくさんいる番組を放送してきました。人気の高い番組を放送すると大量な加入がありました。

当時は、「こんな素晴らしい番組を放送します！」と新聞や雑誌で告知するだけで新規加入が十分獲得でき、それほど多くの短期解約も生まれなかったので、リテンションに役立つ情報を顧客から加入段階で得ようなどとは考えてもいませんでした。

良いものを安く売ればいい時代は終わった

「こんなすばらしい番組を放送します！」と告知すれば新規加入が獲れていた時代は、2000年代に入る前に、メーカーなどの一般企業で「良いものを安く売れば顧客は増える」という製品中心の戦略や発想法が力を振るっていたころとよく似ています。

しかし成長期には生産者重視だった売り方が、成熟期に入り、顧客重視にスイッチされるに従って、一般企業は、製品のスペックや安さよりも、その製品がユーザーのニーズをいかに反映しているかをアピールする方向に戦略を変更しました。

一方、WOWOWでは2000年代に入ってもしばらくの間、コンテンツの送り手（生産者）の立場で人気コンテンツ重視のプロモーションが続きました。

開局以来、本気でリテンションに取り組んだ経験が無かったWOWOWは、解約が増え始めても効果的な対応策がとれず、解約によって減少した総加入件数を目先の新規加入数で調整していました。

そして解約防止部が生まれるまで、「何をやっても解約は止まらない」と言いながら、「何をするから解約が生まれるのか」を明らかにし、それを排除して解約を減少させようという発想は生まれず、「大量加入、大量解約」を定着させる結果になりました。

この「大量加入、大量解約」を避けなければならない理由は二つあります。

一つは、再三書いている通り、それまでの手法での大量加入の後には大量解約が待っていること。

そして二つめは、加入にも解約にも費用がかかっており、加入しても解約されてしまうと、費用だけがかかった結果になり企業の体力を弱めることです。

こだわらなければいけないのは総加入件数の増加であり、新規加入数が解約数を上回ることです。

ＷＯＷＯＷでは、加入が解約を上回り総加入件数が増加することを「純増」、解約が上回って総加入件数が減少することを「純減」と呼んで、「純増」のためにがんばっていました。

しかしたとえ純増したとしても、大量加入、大量解約後のわずかな純増では、会社に貢献したとはいえません。

加入、解約の手続きのすべてにカスタマーセンターがかかわっており、加入数、解約数ともに大量になると処理にかかる費用が膨大でした。ネット経由の加入、解約の割合が増えたと言っても、一定の人件費がかかり、件数の増加は加入、解約どちらも費用の増加に直結しています。

結果的に加入数を純増できたとしても、「大量加入、大量解約」は避けなければならなかったのです。

では適切な加入解約数を実現するために何をすればよいのでしょうか。

それは**モチベーションが低く、解約しやすい人を獲得せずに、長期加入になりやすい、解約しにくい顧客の獲得割合を増やすこと**です。

つまり総加入数の純増を適切な費用で実現する最強の方法は、大幅な割引施策を連打する手法を改め、長期加入の可能性が高い人を確実に獲るやり方にスイッチすることでした。

しかしそのためには、それまでの社内の「信仰」と呼んでもよいほどの新規加入への依存を覆す必要があります。実際に営業手法を変えるためには、多くの人に理解を得てその「新規信仰」を捨ててもらう必要があり、まだ高い壁がありました。

「サブスクリプションモデル」の曲がり角

従来の「良いものをキャンペーンで安く売れば顧客はついてくる」という、企業中心、製品重視の考え方から、日本のすべての企業が脱皮すべき時期を迎えています。

特に、WOWOWと同じように、「顧客が一度契約を結ぶと継続的にサービスが提供される」ビジネスモデル、いわゆる「サブスクリプションモデル」の企業では、今一度、マーケットや営業手法を見直す必要があるでしょう。

業界でいえば保険業界、携帯電話業界、新聞業界などがそれに当たります。

たとえば携帯電話のキャリアなどでは、大手数社が莫大な費用をかけてメディアを使った広告競争を展開し、加入者の獲得に躍起になっています。すでに日本の携帯電話市場は飽和しており、新規加入者を獲得するには他社から乗り換えてもらうしかありません。

そのための広告展開なのですが、効果的な顧客増には結びついていないようです。それでも、大量のコマーシャル投入などに見られる広告競争をやめられないのは、「広告をやめたら、うちのキャリアだけ加入者が落ち込むのではないか」という漠然とした危機感があるからでしょう。

携帯電話業界も、新規加入者ではなく既存顧客の継続に軸足を置いたマーケティングを展開する時期に来ています。実際最近では携帯電話のキャリア各社も既存加入者の満足度向上に向けたサービスを競っている印象を受けます。

日本企業の多くは経済成長期の体育会型マネージメントによる「勢いで前進する営業」を良しとする雰囲気を引きずっています。「新規の売上を拡大しよう」のほうが、「顧客を知り、解約を防止しよう」より分かりやすく、社員の気持ちをまとめやすい実態があるからです。

その結果、顧客や利益を減らす構造にはまっている企業は少なくありません。

成熟期の社会で勝ち続けるためには、「新規信仰」から脱皮し、顧客中心のリテンションマーケティング型の戦略が必須だと私は考えています。

第2章

継続してもらうために解約の理由を探る

解約はなぜ増加するのかを探る

解約防止部の新業務をスタートさせるために部員と計画を練っている間にも、毎日カスタマーセンターでは解約申し込みの電話が鳴り、解約数は増加し続けていました。

「部ができた途端に「解約止まったか？」と聞かれ、「部ができたからって突然止まるわけないでしょ！」と答えながら、私は「顧客はなぜ解約するのか」という根本的な疑問にぶつかっていました。少なくとも一度は「ＷＯＷＯＷを見よう」と思ったからこそ加入契約をしたはずなのに、なぜこんなに多くの人が解約してしまうのか。

そこで私たちが最初に実施したことは状況把握でした。なぜお客様が解約をするのかを知るために、顧客の状況をしっかり把握し直そうと考えました。

解約防止部の部長に就任後しばらくの間、私はリテンションやエンゲージメントに関する本を読み漁り、セミナーに行きまくりました。今思うと、内容や登壇者を見定めず目につくものにすべてに手を出しており、素人丸出しのやり方で恥ずかしくなりますが、本当に素人だったので仕方がありません。

しかし手当たり次第に人に会い、勉強したこの期間に、マーケティングに沿った物の見方に触れ、困った時に相談できる方々にも出会いました。

経験がなかったから何の思い込みもなく素直に人の話を聴くことができ、自社にふさわしいマーケティングを考えられたのだとすると、素人だったことはむしろ幸いだったかもしれません。この期間に私は多くのことを学びました。

解約についてのデータ分析を始める

代理店営業が中心だった時代にも、新規加入数については、代理店やルート別でデータを取ってはいました。

たとえば、「今月は○○電気からは何件の加入があった」「量販店の○○はキャンペーンで加入者数が伸びている」「ケーブルテレビ経由では○件加入した」といった感じです。

そして、その加入者数をもとに行う施策には、それぞれのルートの特性に合わせた割引や、事前に約束した目標数を超えた場合の手数料の上乗せなどがありました。つまり、どのルートと、どんな目標を握って、新規加入者を増やしていくかが営業の腕の見せ所といえました。

そして、そのような手法で成果をあげるためには人間関係に依存した営業も重要になります。力のある代理店、つまり集客力のあるルートや店とのパイプを太くして、代理店にも手数料で稼いでもらいながら、新規加入者をたくさん取ってきてもらうのは大切なことでした。最終目標は新規加入者の増加なのですが、実際に目を向けている方向はユーザーではなくその手前にいる代理店という面もありました。それは、放送業というより流通業の感覚といえるかもしれません。卸業者と仕入担当のようなイメージです。

ところが、解約数の増加が顕著になってくると、代理店に目を向けているだけでは、問題の把握ができなくなりました。顧客の動向、特に解約に関する動向をきちんと分析しなければならなくなったのです。それまでは加入についての分析は行っていても、解約についての細かい分析は行われていませんでした。

そこで、加入だけでなく解約も含めて詳細なデータ分析を実施しようということになりました。

アセスメントを実施する

私たちはまず実態を客観的に分析するためのデータの評価、つまり、「アセスメント」を始めました。

まずは、部員が社内の顧客データを整理することから始め、顧客数が減少し始めた時期を基準に前後５年間の、加入数と解約数、特に入会後何か月目、何年目に解約しているかを調査しました。

さらに、その傾向を他社事例と突き合わせて分析しました。他社事例のデータは自社内にはないので、リテンションマーケティングの調査やコンサルティングの実績を持つ外部の調査会社に協力してもらいました。

複数回にわたって調査を深めていった結果、最終的に調査会社からは次のような報告を受けました。

「ここ数年の顧客動向の最大の変化は、短期で解約する人の増加である。視聴料無料期間が終わった後の解約が多い」

「一方で、長期加入者の解約も徐々に増加している。開局から数年の間に加入した、WOWOWに愛着があると推測される人々の中に解約を思い立つ人が出てきている」

これらの傾向は、じつは社内でも解約を受けるカスタマーセンターや営業の現場では薄々感じていたことでした。

しかし、解約の現状をきちんと把握していなかったために、会社全体が明確に認識することはありませんでした。

解約の申込みを日々受け付けている現場は、雰囲気的には実態を捉えています。しかし、全体の状況や傾向の変化を雰囲気ではなく事実として正しく認識するためには、マーケティングの手法での分析が必要です。

改めて解約率の変化をポイントに再整理してみると、その数年前から、短期間の視聴で解約する人が増えていることが改めて実感されました。アセスメントを実施したことによって、事実がより具体的に、目の前に突きつけられたわけです。

６年後、会員構造がすべて入れ替わる！

その調査会社からは、こんな警告も受けました。

「今の営業手法を継続すると、６年後には会員構造が激変し、底が抜けたバケツのような状態になる。急激に新しい大量の水（新規加入者）が入るために、重みでバケツの底が抜け、それまで入っていた水（既存加入者）も押し流される（解約する）」

「６年後にバケツの底が抜けたようになる」という指摘に私は衝撃を覚えました。

会員構造が入れ替わるとは、ざっくりと言えば、長期間継続してくれる優良な顧客がいなくなり、何かのきっかけで加入しても、すぐに解約してしまう顧客が多くなるので、常に滑車を回すモルモットのように加入を獲り続けなければ会員構造を維持できなくなるということです。

加入者から毎月いただいている視聴料で経営しているサブスクリプションモデルの

WOWOWは、長期加入者をベースに、新規加入者が加わることによって年々総加入者数を増やして安定的な経営をもくろむというビジネスモデルです。

しかしその分析結果によれば、状況はもくろみとは逆の方向に向かっていました。つまり、ビジネスモデル本来のあり方を崩す方向に進んでいたのです。

後に、当時社長だった和崎氏にこの頃の状況をどのようにとらえていたのかを聞いたところ、

「社長として着任して初めて詳細な数値を見てびっくりした。ひょっとしてつぶれるんじゃないかと恐怖を感じたよ」

と話していました。

前述のとおり、和崎氏の社長就任前年度（2005年度）の新規加入数は28万6千件、解約数は36万4千件。差し引きを全体で見ると7万8千件強の減少でした。28万6千人も新規加入しているのに、それを7万8千人も上回る会員がやめているのです。（35ページ図1－2参照）

「新規の加入は増えているのに、トータルで会員数が減る、どう見ても解約が増加す

ぎていた。だから大きな変革が必要だった。解約は減らせないという声もあったが、ダメなら自分が責任をとるつもりで解約を止めるという旗を掲げた」と和崎氏は当時を振り返っていました。

その旗を持たされていた私は、そんな社長の決意はまったく知りませんでした。しかし、解約が増加する状態をこのままにしておくと、暗澹たる未来がやってくる可能性があることはマーケティングを始めたばかりの私にも分かりました。

新規顧客ばかりを追って、破綻した名門ゴルフクラブ

ところで、なぜ調査会社は「６年後」と予測できたのでしょうか。

その理由は、同様の状況を放置した結果、会員構造が維持できず破綻の道をたどった他の会員制企業の実例があったからです。

その時調べた他社の実例の中から、当時のＷＯＷＯＷに状況がよく似ていると感じた例をご紹介します。

東京近郊のあるゴルフクラブ。「名門」と呼ばれたこともあるこのクラブは、会員数の伸びが徐々に下がってきた時期に、ビジターに割引特典をつけ、それをプロモーションで広く知らせて、新規の来訪者を増やす戦略を取りました。ビジターというのは、そのクラブの会員ではなく、毎回利用料を払ってプレーする人のことです。

特典をつけると多くのビジターがクラブを訪れます。そして、それらの人々を対象とした「今なら初年度会費は半額！」というキャンペーンで「ビジター」から「会員」になる人も少なくありませんでした。

そのゴルフクラブは当初は「名門」を感じさせる落ち着いた重厚な雰囲気があり、「初年度半額で入れるならお得」と思わせるものがあったので、最初の1、2年は、ビジターからの会員化が奏功して、会員数は増加していました。

●半額期間が終わると、すぐにやめる会員

しかし、しばらくすると状況が変化してきました。「今なら初年度の会費は半額」というキャンペーンで入った会員が、入会2年目に解約する例が目立ってきたのです。

このゴルフクラブでは、キャンペーン開始3年目ごろから、初年度の会費半額期間が終わるとすぐにやめる人、続けたものの「定価通りの金額を払うほど来ない」と感じてやめていく人の増加が経営を圧迫し始めました。

このケースの場合、初年度の会費を半額にした顧客は3年以上会員でいてくれないと元がとれない計算でした。

定価で会員権を購入した顧客に比べると最初の1年間の収入が半分になり、一方費用には最初にビジターを呼び込むために実施したプロモーション費も加わっていたからです。

それなのに、それらの費用の回収もできない短期間で解約してしまう人が増加し、このキャンペーンの収支は赤字になっていました。

ここに、**会員制企業やリピーターによって支えられている企業が、新規顧客の引き込みを目的に割引きを行う場合の「負けパターン」があります。**

大きな割引率で人目を引き、サービス内容ではなく割引につられる層を誘引した結果、元がとれないうちに解約されてしまうというパターンです。

●●● さらに今までの優良顧客が減っていく!

初年度半額で入った新規会員の解約が増える一方で、古くからの会員の解約も目立つようになりました。

クラブ創立以来の会員から「落ち着いてゆっくりゴルフを楽しめる雰囲気が無くなった」「クラブハウスが昔に比べてうるさく、がさつな雰囲気になってしまった」という声が出始めたのです。

また、「私たちは、初めから会費をちゃんと払って会員になっていたのに、ビジターにばかり特典をつけるようになり、長くいる私たちにはサービスがない」という不満も聞かれるようになりました。

「フロントやレストランのサービスが低下した」と言って解約する人が出始めた頃には、このクラブの雰囲気からは、かつて「名門」と呼ばれていた頃の落ち着きや重厚さは消え去っていました。良く言えばカジュアルなゴルフクラブ、悪く言えば知り合いに紹介したり、一緒にラウンドしたりしようとは思わない、安っぽいクラブになっていたのです。

経営者はビジター割引とその後の初年度半額キャンペーンの見直しを検討しましたが、

図2－1　名門ゴルフクラブが半額キャンペーンで経営難に

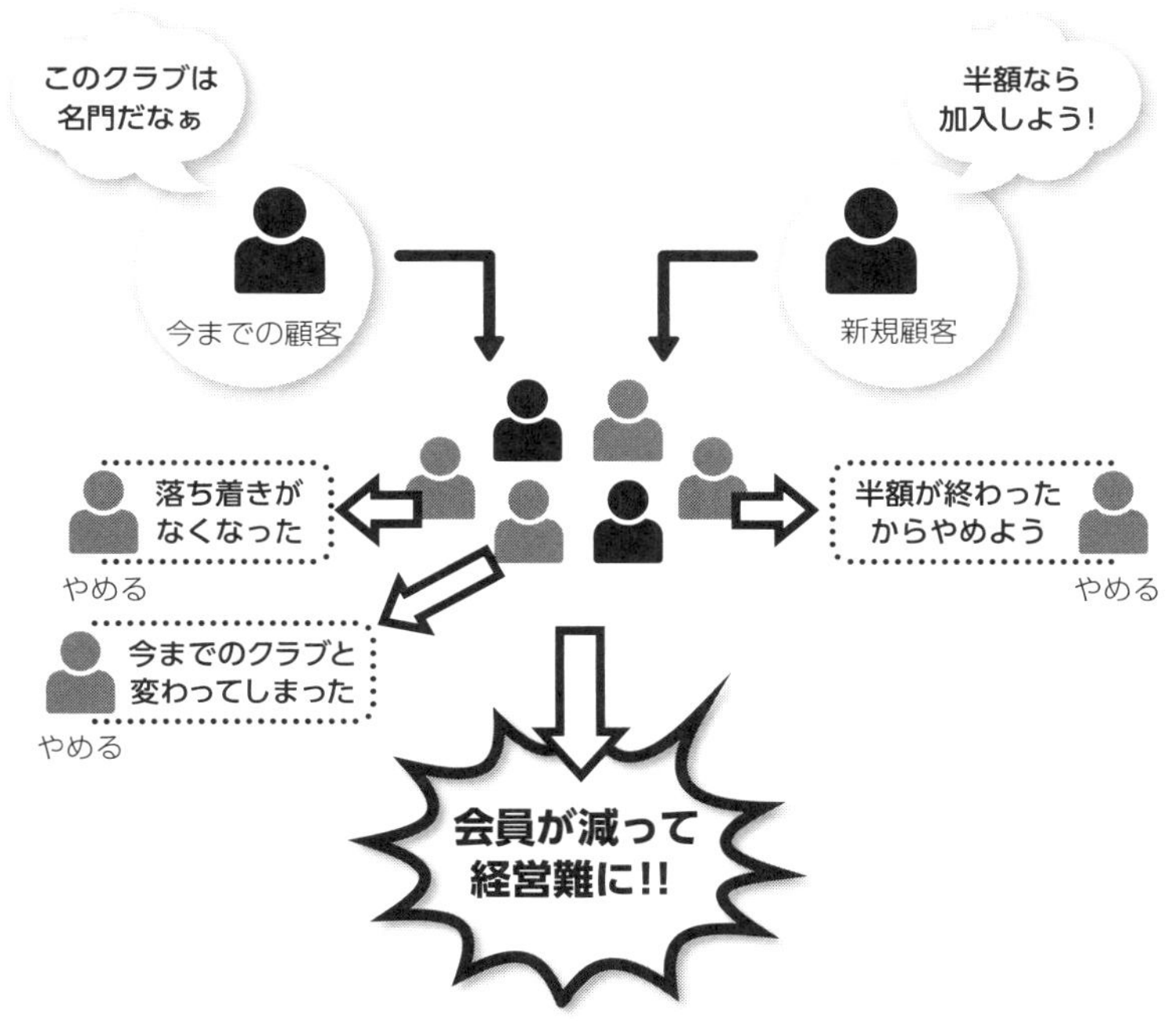

すでに初年度半額が定着しており、今さら定価に戻しても「誰も定価では会員にならない」状況になっていました。

値段で釣るキャンペーンを長期間行った結果、客層が変わり、元に戻そうとしても時すでに遅し、という状態になってしまっていたのです。結局このゴルフクラブは他社に買収されました。

「新規顧客」は誰でもいいわけではない！

このクラブの当時の経営者は「落ち着いた雰囲気でゆったりと良いコースを味わえることのクラブは、私の誇りだった」「だから多くの人に会員になってもらうためにビジターに機会を提供した」と語っていました。

この経営者の言う通り、もともとこのクラブには、名門と呼ばれるにふさわしい価値を愛する会員たちが集まっていたのです。

しかしそこに、もともとの会員が愛していた価値と共存しにくい「安くプレーできる」ことに魅力を感じる顧客層を、クラブ自身が呼び込んでしまいました。

その結果、初年度半額で入った新規顧客が醸し出す雰囲気と、もともとの会員が持っている価値感に不協和音が生じ、古くからの会員にも愛想をつかされ、多くの優良顧客を失ってしまいました。

経営者自身が自社の価値を「誇り」と表現するほどに認識しながら、それを評価してくれている既存の顧客層の反応を考慮せずに、顧客数を増やすことだけに気をとられて「墓穴を掘った」と言えるでしょう。

顧客が減少してきたと感じたら誰でも焦ります。すぐに挽回できる策はないかと頭をめぐらせます。しかしその時に「自社商品やサービスの何に価値を感じる人を増やすのか」をよく考えて打つ手を決めることが非常に大切です。誰彼かまわず、会員を増やせばいいというものではないのです。

そこを誤ると、このクラブのように、長期利用の顧客が獲得できないだけでなく、既存顧客の離脱を招いてしまうことすらあるのです。

会員制ビジネスで陥りがちなパターンとは

このゴルフクラブの例でわかるように**会員制ビジネスで重要なのは、「目先の会員増」ではなく、「長期利用を前提とした会員増」の視点です。**

同様に当時のＷ○Ｗ○Ｗも、顧客に接触する最初の段階から、今入れば会費が安くなるというセールストークが中心で、最も重要な「顧客がどのような体験ができるか」「他社にない自社の価値は何か」といった長期利用してもらうために顧客に伝えなければいけないことが伝わっていませんでした。

また「安くなるなら、まあいいか」と入った新規顧客に対しても、割引期間終了後も続けてもらうためのコミュニケーションが必要でしたが、それも十分ではなかったのです。

会員制ビジネスでは、「お客様を大切にしよう」と思いつつ新規の顧客取得ばかりに目が行ってしまい、長期契約者への配慮が後回しになりがちです。「釣った魚にエサはやらない」、とは決して考えていないのに、実際には次に釣る魚にエサをまく方に力が入ってしまう構造になってしまっているのです。

そして、これを数年間続けると負のスパイラルが形成され、顧客からも「長期利用を前提としていないサービス」として認識されます。実際、このゴルフクラブでも「ビジター割引と初年度半額」を実施して3年目に、経営者はこの施策を止めようとしました。しかしすでに市場の評価が「半額程度の会費のクラブ」に定まっており、変革するタイミングは過ぎてしまっていました。

そうなる前に、「長期利用を前提とする構造」にしていくための「変革の芽」をマーケティングや営業の現場で作ることが大切だと私は考えています。

第3章

解約防止の第一歩は、対症療法から

どん底からはい上がる手がかり

アセスメントによって状況を把握した後は、解約数を減らすための対症療法に取り組むことにしました。

一般的に「顧客の利用継続に有効」とされている方法も検討しましたが、多くは効果が数値化しにくいか、効果測定に期間を要するものでした。たとえば、優良顧客への割引特典や、購入金額に応じてのゴールド、シルバーなどのクラス分けがそれにあたります。

ＷＯＷＯＷの場合、「優良顧客」とは「長期加入者」を指すので、その顧客の契約期間が特典によってさらに長期化したことを証明するには数年単位の期間が必要です。またＷＯＷＯＷの視聴料は月額固定なので、購入金額によって顧客を分類しても、それは加入期間による分類と同じになってしまい、分類の意味がないなどの事情がありました。

このように、リテンションやエンゲージメント（顧客と企業の親密なつながり）の施策は、個々の事業の特性を十分に考慮して実施する必要があります。

まずは対症療法で「顧客を引き留める」

最初に効果がはっきりしたのは「解約リテンション施策」でした。コールセンターにかかってくる解約電話に対してオペレーター（ＷＯＷＯＷではコミュニケーターと呼んでいます）がリテンション（引き留め策）を実施するのです。

当時ＷＯＷＯＷでは、解約の申し出はすべてカスタマーセンターへの電話のみで受け付けており、その中の一部の電話に対してコミュニケーターがリテンションを行っていました。

顧客が解約希望を伝えてくる場面が、顧客とＷＯＷＯＷの最後のコンタクトポイントです。「解約リテンション施策」は、最後のそのポイントで、コミュニケーターが会話によって「解約を、留まっていただく」というものでした。

この施策自体は従来も行っていましたが、やり方はコミュニケーター任せで成功率にもそれほどこだわっていませんでした。

しかし改めて調べてみると、成功率が20％にも達するハイパフォーマーもいれば、50件受けて1件も成功していない人もいて、会話の仕方が成功に大きく影響することが推測されました。

電話での引き留め策に注力する

たとえば解約リテンションは、このような流れで進みます。

「WOWOWをやめたいのですが」という電話を受けると、オペレーターはまず、

「○○様の解約のお申し込みを、このお電話で受け付けさせていただきます」

と答えます。

この時、顧客は少なからず、やめさせてもらえないんじゃないか、しつこく引き留められるんじゃないか、という不安を持っています。したがって、まずその不安を和らげるようなトークを展開します。

その後に、最近はどんな番組を見たか、加入時に持っていた期待は満たせたのか、などを尋ねていき、顧客が継続したくなくなった理由を探り、その理由に対してWOWOWが対応できることを、誠意を持って提案するという流れです。

ハイパフォーマーの成功例では、相手が解約したいという気持ちにいたった背景をうまく聞き出し、それに対応する会話で「もう少しWOWOWを見てもいいかな」と態度変容

させるトークが展開されていました。

コールセンター業界では、契約獲得の成功率が高いハイパフォーマーの手法をほかのオペレーターも共有して、全体のパフォーマンスをアップさせるやり方が普通です。ＷＯＷＯＷにおいても、新規獲得の場面でのトークについては、広く共有が徹底されていましたが、成果へのこだわりが薄かった解約リテンションではあまり行われていませんでした。


そこで、まず解約リテンションにも成果へのこだわりを持ち込みました。

月ごとにコミュニケーター別、チーム別に成功率を発表し、成果を競う形にしたのです。また、コミュニケーター別の成功率に応じた追加手当の支給や、成功率の高いチームや個人を表彰するなど、モチベーションを高める仕組みも導入しました。

さらにハイパフォーマーのトークをもとにトークスクリプトを作成し、成功する会話はどこが違うのか、何が顧客の気持ちを変えるのかを担当全員で共有しました。

成果へのこだわりを導入したこと、顧客の態度変容のポイントを共有したことによって、解約リテンション施策の平均成功率はそれ以前の５～６％から、倍の10％を超えるようになりました。

年間50万件を超える当時の解約数に対して、リテンションを行えたのは、かかってきた解約電話のごく一部だったので、翻意させられた成果はまだ小さなものでしたが、件数以上に「解約は止めることができる」ことを全社に知らせることができたのは、大きな意味がありました。

顧客への接触も、やりかた次第では「解約増」につながった

試行錯誤をした中では、もちろん失敗もありました。

「サンクスコール」の実施タイミングです。

サンクスコールとは、会員制企業では一般的に導入されているもので、新規に会員になった方に電話をかけ、入会に対する感謝を伝え、疑問や困っていることがないかを確かめるものです。

WOWOWでもサンクスコール自体はそれ以前から、解約抑止というよりサービスの一

環として行っており、内容も一般的なお礼でした。

これを、解約抑止施策として位置づけ、トークの内容も見直して、加入翌月の初めにコールし、その月末の解約を少なくしようと思ったのです。

ところが、その施策を導入して迎えた翌月末。

「解約率、どれぐらい下がってるかな？」と期待して結果を見た私たちの目に、思いもよらない結果が飛び込んできました。

サンクスコールを実施していない顧客よりも、実施した顧客の方が、解約率が高くなっていたルートがあったのです。

「サンクスコール」が「解約タイミング」のお知らせに

「ええっ！　なんで？」

お金をかけて施策を打って、やらないほうがマシだったという結果を出すなど許されません。私たちはショックを受けました。

ここで言うルートとは、顧客が加入申し込みをした経路のことを示します。

解約率がアップしてしまったのは、「ある特定の提携企業のお客様にＷＯＷＯＷから電話し営業をした人」のルートでした。

結果を正確に評価するために、同じ条件の群の中に施策対象としない人（サンクスコールをしない人）を10％程度残して両者を比較しました。するとこの前述のルートでは、コールしなかった群よりも、コールした群の方が解約率が高かったのです。

なぜコールした方が、解約率が高かったのか。

「ある特定の提携企業のお客様」は「ＷＯＷＯＷに興味をもって電話してきた人」に比べ、ＷＯＷＯＷに対する関心や理解が低く、無料期間付キャンペーンを案内してやっと加入していただくことが多くなります。

つまり、「ＷＯＷＯＷのことはよく知らないけど無料だから加入した」という人が多いということです。

そんなお客様に対して、加入翌月にコールすると、そろそろ無料期間は終了ですよ、というお知らせをしてしまうという意味を持ちます。つまり、解約タイミングを失念していた人に、わざわざそれを思い出させてしまい、実際に解約の増加につながっていたのだと推測されました。

サンクスコールを活かすには

いきなり出鼻をくじかれた感のあるサンクスコールでしたが、失敗からは多くの気づきが得られました。

加入時のモチベーションが高くないと思われる顧客に接触する場合には注意が必要で、いきなりコミュニケーションを求められる印象がある電話は避け、ＤＭなどのように開封して内容に接するタイミングを顧客が選べるやり方でスタートしたほうが良いということ。

またリテンションはサービスを利用した経験している人を対象とするからこそ効果が上がるので、**無料に釣られて入った人にも、まずは、早期に番組視聴に誘導してサービスに触れてもらう必要がある、**ということでした。

その後は、サンクスコールをする場合にはルートを慎重に選別し、顧客がモチベーションを持って加入したルートを優先してコールし、成果につなげました。

顧客自身も意識していない解約の理由

解約リテンション施策によって、ひとまずどん底からはい上がる手がかりをつかみ、社内に変化の可能性と兆しを見せることはできました。

とはいえ瀬戸際で解約を止めるだけでは、次々とかかってくる解約電話に追われる自転車操業になってしまいます。

私たちは、顧客が、なぜ、どのような時に解約するのかを知る必要がありました。

当時カスタマーセンターでは、顧客が解約しようと考える理由や背景などを知るために、解約電話を受けた際にアンケートをとっていました。しかしこのアンケートの結果を見ても、なかなか本当の理由や背景はわかりませんでした。

顧客はアンケートに対して正直に答えるとは限らないからです。

顧客は解約する理由をわざわざ言わない

唐突ですが、恋人に別れを告げようとして理由を聞かれたら、あなたはどうしますか。正直に理由を答える人は多くないと思います。なぜなら、別れること自体が目的のあなたにとって、理由を伝えることに意味はないからです。

ところが、その意味がないことを多くの企業はしています。顧客が解約する際に、なぜ解約するのかと理由を尋ねてしまっているのです。ＷＯＷＯＷが解約申し出の電話に対して当時行っていたアンケートもそれと同じです。

このアンケートの結果では、当時解約の理由として返ってくる答えの半分以上が「見る時間がない」と「見たい番組がない」でした。

仕事や家事が忙しいから見る時間がない、加入したものの見たい番組が放送されていない、という意味ですが、どちらも、顧客自身、加入する時に予測できたはずです。見る時間がないならなぜ加入したのか、と言いたくなる（言えませんが）これらの回答は、解約の本質的な理由を示していません。

そしてこのような理由では、企業側は改善を図るための次の一手が打てません。**解約を**

目的に電話してきている顧客の多くは、「自分が口にしやすい」「相手が質問を返しにくい」内容を無意識に選んで回答しているだけなのです。

多くの企業の担当者が、顧客の離脱理由について「うちはアンケートで把握している」と答えます。もちろんやり方によってはアンケートも有効ですが、顧客の解約理由や背景は複合的で、単純な質問の羅列ではなかなか明らかになりません。

WOWOWも通りいっぺんなアンケートでは本当の構造はつかめませんでした。

●顧客自身も意識していない解約への流れを探る

たとえば、アンケートでこのような詳細な質問を投げかけたとします。

「加入する時にはどんな期待をしていたか。それは満たされたか、裏切られたか」
「加入直後には、どんな番組をどのような頻度で見ていたか」
「2ヵ月目以降は、どんな番組をどのような頻度で見ていたか」
「番組の見方に変化があったのはいつか。それはどのような変化できっかけは何か」

この質問に対して、正直にかつ詳しく回答してくれる顧客はなかなかいないでしょう。顧客は自身の事前期待や、サービスが期待通りだったかどうかをあまり意識していないからです。

それは当たり前のことで、企業は切羽詰まった必要性があって解約理由を探ろうとしますが、顧客にとってサービスへの加入や解約は、生活の中のあまり意識を向けることがない一部分にすぎません。

だから一律な質問に全員が同じ形式で答えるアンケートでは、個人の深層にある解約理由が語られず、解約の構造もつかめないのです。

一般的に行われている利用意向調査などで、顧客の判断理由を想像して細かく選択肢を並べているものに出会いますが、大ざっぱな傾向はつかめたとしても核心には行きつかない危険性を感じます。本当の理由は準備して選ばせるものではなく、丁寧に話を聞いて探し出すものです。

生活の変化が視聴の変化にどう影響するのか、番組編成が顧客の気持ちの変化をどのように起こしているのか、といった内容は、ゆっくりと時間をかけて当時のことを思い出してもらい、そのきっかけになったことを話してもらわないと把握できません。

デプスインタビューで本当の解約理由を探る

そこで解約防止部では「デプスインタビュー」を実施し、解約の理由を探ることにしました。デプスインタビューとは、1対1の面談形式で顧客にインタビューする手法です。

私が行なったデプスインタビューでは、性別、年代、解約した時期、世帯構成などをもとに選んだ数十人の解約者に、マンツーマンで1時間程度、お茶やお菓子のあるリラックスした環境で話を聞きました。

先ほど挙げたような生活や気持ちの変化などの質問を顧客に直接投げかけ、解約の理由や背景を聞き出していきました。そして、それを顧客の属性（先ほどの性別、年代、職業、世帯構成等）と結びつけて分析しました。

結局、約50人の顧客の話を3ヵ月間ほどかけて聞きました。この作業は時間と体力が必要で、なかなか大変でした。

そのなかでも、時に「そうだったんだ！」と視界が開けるような話に出会うことがありました。

「録画した番組が見きれない」という意外な解約理由

たとえば「番組を録画しすぎて自己嫌悪に陥って解約した」という例。

WOWOWは「プライム」「ライブ」「シネマ」の３チャンネルを終日放送しており、加入したばかりの顧客の中には選択せずに「あれも見たい、これも見たい」と、とりあえずいろいろな番組を録画しておく人が少なくありません。

すると1ヵ月もしないうちにレコーダーの容量がいっぱいになります。その後は見ていない番組を消去しないと新たな録画ができなくなり「こんなにたくさん番組があっても見られない」と感じ「見られない番組に視聴料を無駄に払っている」と自己嫌悪に陥って解約するという話です。

これは、録画推奨をサービスの一環と考えていた私たちには大きな発見でした。その後は「興味のある番組すべてを録画する前に、興味に合わせて番組を選択できるように案内する」が解約抑止のためのサービスに加わりました。

どんなサービスでも、企業側の想定には思い至らない部分や思い込みがあり、実際の顧客の利用には想定外の要素が関係しています。個々の顧客の話だけではそれは分かりませんが、数十人の話を聞いていると共通の条件や感情の変化があることが分かってきます。

このやり方で初めて、顧客の属性や生活の変化、加入後の経過期間とサービス（ＷＯＷＯＷの場合は番組編成）利用の関係、それらがどのように顧客の気持ちに影響して解約につながるのかが、少しずつ見えてきました。

そして、解約に至る理由は複合的で、顧客は解約の理由を整理して認識していない場合が多いことを知りました。

解約する人の「ペルソナ」を期間ごとに作成する

デプスインタビューによって解約の状況を分析すると、加入翌月、3ヵ月目、6ヵ月目に解約が増加する傾向が浮かび上がっていました。

なぜその時期に解約が増加するのか、その時期の顧客にどのような変化が起こりがちで、どうしてそれが解約につながってしまうのか。その理由もデプスインタビューで探り出していきました。

加入翌月の解約理由は、第2章でも触れたように、視聴料を支払わないでも見られる1ヵ月目が終わり、支払いが発生する2ヵ月目になったことと、「加入時に見たいと思っていた番組を見終わった」ことによるものが多数ありました。

3ヵ月目の解約理由の多くは、「視聴料1ヵ月無料キャンペーン」の無料期間終了によるものですが、前の項で紹介したように「見たい番組が多すぎ、溜まった録画を消化できなくなって、こんなに見られないから」が意外に多く存在しました。

6ヵ月目の解約には、「見たいと思ったジャンル（スポーツ、映画、音楽など）の番組を一通り見てしまって飽きたから」という理由が多いことが分かりました。

こうして見ると、「無料キャンペーン期間が終わった」以外の解約理由は、番組視聴や顧客の生活の変化と関係していました。一方、加入した人が優良顧客になる場合の共通の特徴は「WOWOWが提供するサービスと嗜好や生活スタイルがフィットしている」ことでした。

結局、**解約も継続も、WOWOWのサービスの本質である番組と番組を見る生活スタイルに関わっていること**がはっきりしました。

加入後のどの時期の顧客にもWOWOWの価値を感じ続けてもらう以外に重要なことな

どないのです。

このデプスインタビューの結果をもとに、私たちは解約時期ごとの解約者のペルソナ（全体を代表する架空の人物像）を作成し、コミュニケーションポイントを決めて解約を抑止するための施策を始めました。

ペルソナに合わせた解約させないコミュニケーション

私たちはまず加入翌月の解約を減らすために、加入時のカスタマーセンターでの会話を工夫することにしました。

カスタマーセンターではそれまでも、顧客が加入する際、加入の動機になった番組について質問していましたが、併せてそれ以外に興味があるジャンルを聞いて、直近の放送予定の中から顧客が興味を持てる番組をＷＯＷＯＷを見始める前から案内するようにしたのです。

加入前に知っている番組以外にも楽しめそうな番組があることを伝え、自分に向いた番組がいろいろあるな、と早めに気づいてもらうためです。

無料期間終了や加入目的番組の終了などによる解約を防ぐ土壌を作るために、ほぼすべての加入申し込みにこの施策を行うようにしました。

契約直後の解約を抑止するための接触方法としては、郵送物以外のメールなどの方法を優先しました。ＷＯＷＯＷでは、加入後すぐに顧客宅に番組表やＷＯＷＯＷの基本情報を紹介するスタートキットを送付しており、郵送物が過剰になると顧客の送付した物に対する反応が薄れ、費用も膨らむからです。

加入翌月の主な解約理由である、「加入目的の番組が終了」の多くは、スポーツの単発試合やアーティストのライブ中継など、継続的に編成されない単発番組を加入動機にあげた方々でした。

この方々には目的の番組が放送される前のコミュニケーションが必須です。

目的の番組以外は眼中に無い場合がほとんどなので、加入直後から「あなたが好きな番組、感動できる番組が目的番組以外にもある」「契約期間内に他の番組も楽しんでみよう」と、加入時にコールセンターのオペレーターが案内し、その後は番組宣伝写真を多用したメールやDMで伝えました。

加入2~3ヵ月目以降や6ヵ月後には「解約する気を起こさせなくする」施策

加入2~3ヵ月目以降の「録画しすぎて見られない」と感じる顧客のために、「見たい番組を探しやすくする」仕組みを公式サイトや毎月送付するプログラムガイドに導入しました。

このタイプの解約には、やみくもに録画予約前に本当に楽しめる番組をどうやって見つけるか、の案内が重要だからです。

WOWOWでは、3つのチャンネルを24時間放送していることを、広く選択肢を提供しているという意味で、「売り」として伝えていました。それは今でも変わりませんが、売りにするには、顧客が自分の嗜好にあった番組を探しやすく、視聴しやすくする案内や仕組みが必要でした。

プログラムガイドでは、映画、スポーツなど興味のあるジャンルのページで顧客が見たい番組を見つけやすいように、ＷＯＷＯＷ公式サイトでも、顧客が関心のある番組を検索できるように改良を行いました。

それまで自社メディアでは、視聴率（ＷＯＷＯＷでは利用率と呼びます）の高い、目立つ番組にスペースを割きがちでしたが、この時からは局が見せたい番組だけでなく、顧客が見たい番組を、が編集方針に加わりました。

顧客視点の情報提供の重要性に気づいたのは大きな収穫でした。直接的な効果が数値では測りにくいものの、時間がたつにつれて顧客全体の視聴時間が増加し、解約が生まれにくい土壌につながっていきました。


6ヵ月後の「一通り番組を見てしまったように思い、飽きたと感じる」という解約理由は、それ以降のどの時期にも通じます。

このケースでは加入動機のジャンルや番組だけを見て「見終わった」と感じていることが多いので、目的番組以外にも興味のありそうなジャンルの新番組や、出演者や制作者が目的番組と共通の番組の放送予定をメール、ＤＭ、プログラムガイドで知らせることで、解約防止に努めました。

図3－1　2005年度～2008年度に加入に対する解約の割合が大きく減少

年度	2005年	2008年
加入	285,689人	664,902人
解約	364,480人	636,088人
加入に対する解約（%）	127.6%	94.2%

こうした施策で、解約申し出をする前に解約する気を起こさせなくするように努めた結果、解約抑止策がスタートする前と3年目の2008年度では、加入数に対する解約数の割合が127%から94%と、約30ポイントも改善しました。

解約の芽は早期に摘むのが大事

加入翌月と3ヵ月目の解約を攻略してみると、それ以降の時期の解約抑止にもそれが良い影響を及ぼすことがわかりました。

実際、「一通り番組を見てしまったように思い飽きたと感じる」を理由とする6ヵ月目の解約も、加入翌月や3ヵ月の解約抑止施策によって見たいジャンル・番組に出会う加入者が増えることで減少しました。

最初の3ヵ月の解約を攻略し、解約の芽を早期に摘んでおくことができれば、その後の解約の可能性も減少し、無料キャンペーンなどで、無理やり加入数を稼いで解約の穴を埋める必要もなくなるのです。

これは会員制サービスや継続利用を前提とするサービスでは共通して言えることです。まず最初の１〜３ヵ月の顧客動向と自社サービスの利用のされ方をしっかり把握することが重要で、そこで得た知見をもとに、顧客と自社サービスの関係を強くすることが、多くの顧客に安定的にサービスを利用し続けてもらうことにつながります。

もちろん、２年目以降や長期利用の顧客にも解約があり、考え方によってはそれは早期解約より根が深いとも言えます。しかし、長期加入者の解約はボリュームが小さく、早期解約抑止策のような、ルート別、加入期間別の施策というより、商品やサービス（ＷＯＷＯＷで言えば番組編成）で対応していくことが適当だと考えます。

ちなみにＷＯＷＯＷでは、顧客が見たい番組をストレスなく見られる仕組みはその後、２０１２年に導入した「ＷＯＷＯＷメンバーズオンデマンド」につながりました。

これは公式サイトで登録した加入者が、番組が放送されるのとほぼ同時に、または放送終了後一定期間、スマホやタブレットに配信される番組を見られるサービスです。加入者は時差を気にせず海外スポーツを出先で見たり、ドラマを録画しなくても、放送後一定期間中はスマホやタブレットで見られるのです。

顧客にとって価値がある案内を続ける

既存顧客とのワントゥワン、つまり一対一のコミュニケーションには課題も多くありました。郵送費のかかるアナログな方法での接触は予算的に回数が限られます。一方、メールやホームページを介したデジタルの方法では接触できない加入者が数多く存在しました。

1990年代末からは、加入時にメールアドレス申請やホームページのマイページ機能の利用を促すなど、デジタルでの繋がりを持とうとしてきましたが、90年代前半からの長期加入者には加入時にメールアドレスを聞いていなかったのです。後追いで登録案内を行うものの限界があり、デジタルでのタイミングをとらえた効率よい接触が長期加入者ほど図りにくい状態でした。

当時のWOWOW同様、古くからの顧客へのアプローチのしにくさに悩んでいる企業は現在でも多いのではないでしょうか。

ワントゥワンのコミュニケーションの手段がない既存顧客の評価や満足度を上げる方法は限られ、すべての顧客と双方向のコミュニケーションを図ることには無理があります。WOWOWの場合は、公式サイトに登録してくれた会員への情報提供や、すべての加入者が接触できるオウンドメディアでコミュニケーションを図りました。どの場合でも大切なのは企業都合の押しつけでなく、顧客にとって快くて楽しく価値がある案内を続ける姿勢。その姿勢を持ち続けていけば必ず評価されると感じています。

部下が企画制作し、加入者に送付したDMが、さまざまな業界のDMを集めて行われるコンクールで評価を得たり、SNSで、DMを受け取った顧客の「加入してよかった」という声があがり始めて、私たちは自分たちの顧客とのコミュニケーションに自信を持ち始めました。

「痛い」データに社内の目を向ける

その後、WOWOWではそれまで加入期間の長さにかかわらず一括りに「解約率」としていた呼び方を、加入から解約までの期間ごとに区別して分析し、名称を分けて数値を出し分析することにしました。

○加入1ヵ月目～3ヵ月目までの解約率：「初月解約率」
○加入1ヵ月目～11ヵ月目までの解約率：「早期解約率」
○加入12ヵ月目以降の解約率：「定常解約率」

「初月解約率」「早期解約率」「定常解約率」の3つの解約率は、全社に共有され、経営層との状況共有の場でも、この数値で毎月の解約の動きを説明しました。加入後の期間ごとに呼称を区別して解約状況を定期的に伝えることは、新規加入に意識が傾きがちな社内の関心を、すでに加入している方々の動向に向けるきっかけになりました。

「初月解約率」は、無料視聴キャンペーン期間の終了と、目的番組の終了という二大要因によって解約した人の多さを反映しています。

ですから、初月解約の増加を抑えるためには、まず無料視聴キャンペーンなどの価格訴求を控える必要がありました。無料キャンペーンを利用して加入する人が多いと、キャンペーン終了翌月に高い割合で加入者が解約していました。

単発番組目的の加入については、無料視聴キャンペーンとは違って、解約を出さないために加入をコントロールするのではなく、むしろできるだけ多くの加入を獲る努力をします。単発で加入を集められる番組には、キラーコンテンツが多く、ＷＯＷＯＷとしても、そうした番組でできるだけ加入を獲る必要があります。

花火のような存在のキラーコンテンツに集まる多数の顧客には、その番組を放送するならどこの放送局でもよいという方も少なくありません。私たちは、そうしたお客様の番組放送後の解約を防ぎ、ＷＯＷＯＷをいいなと思っていただくために加入直後から短期間のうちに、目的以外の番組の価値を知らせる施策を行いました。

「早期解約率」は、３ヵ月目までの初月解約と、解約が多い６ヵ月目、11ヵ月目を含む約1年間の解約状況です。

早期解約率が高いと、解約が少なくなる2年目以降に移行する件数が減少し、経営の安定化につながる要素が脅かされる可能性があります。最初の1年間にＷＯＷＯＷの視聴を加入者の生活の一部に定着させる活動に力を入れる必要があります。

「定常解約率」は解約傾向が落ち着いている加入2年目以降の解約状況を示します。

この定常解約率の数値は母数（加入2年目以降の全加入世帯が対象。当時でも２００万件を超えていた）が大きいため、解約率が1％以下になる月もあり、解約の増減が数値の変化に表れにくい傾向があります。

もしこの定常解約率が目に見えて上がるようなことがある場合には、長期加入の優良顧客が不満を持つ事態が起きている可能性があり「何か通常にはない重大なことが起きている」と考えて、抜本的な対応を図る必要があります。

解約率のとらえ方を整理したことが効果を発揮

代理店営業が中心だった時代のＷＯＷＯＷでは、新規加入獲得に関するＫＰＩ（Key

Performance Indicator：組織の目標達成度を評価するための評価指標）は、前述のとおり、ルートごと、チャネルごと、キャンペーンごとなどに設定されていました。

一方、解約に関しては、解約率を番組編成や販促施策との関係でＫＰＩとしてとらえる視点に欠けていたために、経営層が敏感に反応しにくい面がありました。

しかし「初月解約」「早期解約」「定常解約」が詳細に報告されるようになると、経営層の関心が一挙に高まり、解約率と対応施策が売上や利益に与えている影響が毎月確認されるようになりました。

解約率のとらえ方を整理したことが、解約抑止やＣＲＭ（Customer Relation ship Management：顧客管理）を全社のテーマとして位置づけることにつながったのです。

ＣＲＭを成功させるための前提は、顧客の状況を整理し、数値化して把握し、経営と共有することにあると私は考えます。

「顧客とのコミュニケーションを大切にする」のは当たり前のことで、それだけでは十分とは言えません。より大切なのは、顧客との関係性が業績に与える影響を数値化して示し、顧客をしっかり把握することを経営が後押しする環境を作ることだと思います。

優良顧客の実態をつかむ

デプスインタビューから見えてきた事実は他にもあります。

優良顧客化しやすい顧客は、「加入する時点からＷＯＷＯＷが提供するサービスと嗜好や生活スタイルがフィットしている」ということでした。

優良顧客の中には、「たまたまサッカーの大きな試合を放送すると知って、それだけ見てやめるつもりで加入した」という方もいましたが、加入後に他のスポーツやドラマにはまって契約が長期化して手いる人もおり、こういう人たちもやはり「嗜好や生活がＷＯＷＯＷのエンターテインメントとフィットしている」のだと思われました。

皆、映画やドラマ、スポーツや音楽など好きな番組を自由に選んでたっぷり見られるエンタメライフを望んでいて、ＷＯＷＯＷへの加入によってそれが実現したことに満足していました。そしてその人々がＷＯＷＯＷを継続している理由の多くが、「自分の期待を裏切らずに良い番組を放送してくれていると思うから」。

優良顧客がＷＯＷＯＷに感じている価値は、自分に合う番組や番組編成、つまり値引きやプレゼントではなくＷＯＷＯＷの本来のサービスそのものでした。

2階の住人が1階を押しつぶす

解約防止策を始める前のＷＯＷＯＷは、それまでの優良顧客が新規顧客の状況にそろそろ嫌気がさし始めていた時期と言えるかもしれません。その頃の状況を外部の調査会社は、「2階にいる新規加入者が急激に増加し、昔からの優良顧客がいる1階を押しつぶす可能性がある」と表現していました。

1階の優良顧客は、長年ＷＯＷＯＷに感じていた本質的な価値が今後も提供され続けるのか、2階にどんどん人を引き込むことに熱心なＷＯＷＯＷの様子を見るとそろそろ不安になってきた、そんなふうに感じ始めていたとしても不思議ではありません。

優良顧客を、自社のサービスを守り続けるための特別な存在として認識し、優良顧客に学ぶ姿勢を持つことが、健全な顧客構造を維持するのに非常に大切だと私は感じ始めていました。

顧客のライフタイムバリューをあげて定着させるためには、優良顧客が契約を継続する理由になっている自社の価値を認識し、その価値を他の顧客にも感じてもらう努力をすることが必須です。

解約抑止を担当するチームは、**解約しようとする人を翻意させる解約抑止から、本来のCRMに活動の中心を移し始めました。**

社内の雰囲気が変わりはじめる

解約リテンションやデプスインタビューを実施し、新たな解約防止策を打つことで、解約率は減少傾向を見せ始めました。

組織の中で成果を印象づけようとする場合、最も効果的なのはトレンドがプラスになっていく変化を見せることです。たとえ小さな変化でも、ゼロがイチになり、それが右肩上がりに伸びていくトレンドをどの企業も求めています。

解約リテンション施策は、「解約は何をやっても止まらない」と考えている社内に対して「やり方によっては解約が止まる」を提示してゼロをイチにし、その後の成功率の伸びによってトレンドも変えられることを示しました。

派手な宣伝や販促を行う新規獲得に比べ、解約抑止は実績が見えにくいため地味ではありますが、社内の意識は少しずつ変わりはじめました。

「無料で釣った人」には打つ手がない

解約リテンション施策で、施策では解約を止められない顧客の存在も明らかになりました。

コミュニケーターによる解約受付時のリテンションや、顧客が興味を持ちそうな番組の紹介、見たい番組を探しやすくするプログラムガイドの送付など、さまざまな施策をやっても、「無料期間が終わったからもう止めます」という人に対しては決定的に効果がある打つ手が見つけられなかったのです。

結局、**無料に魅力を感じて入った人は、無料期間が終われば解約してしまうことが多く、そういう人にまた加入してもらうには無料施策を再び実施するしかない**のです。

これは反対に考えれば、「無料で釣る」のを止めれば、短期で解約する人、解約防止が効かない人が減ることになり、解約防止策の効果も上がるということを意味します。

そもそも無料で釣るのは、「無料だから」「割引だから」と金額面だけでお得感を出してアピールする方法です。それではWOWOWの本質的な価値を認めていない人も加入に誘導することになります。

見たい番組や好きなエンタテインメントをWOWOWが放送しているからといった、WOWOWの本質的な価値に目を向けてくれる人に誘導を集中させることが大切です。そのような顧客であれば、加入後に解約したいという申し出があったとしても、コミュニケーションの取り方によっては解約を翻意させることができます。

「無料施策」をやめる

それがわかってから私は、「無料施策をやめよう」という空気を社内につくっていくことに努めました。

とはいえ、会議で「無料施策をやめよう」と言うだけでは、「新規加入数の増加がすべてを解決する道」と考える人たちを納得させることはできません。

これまで無料や割引施策の実施によって加入者を獲得してきた実績がある彼らにしてみれば、「無料をやめよう」という提案は、自分たちの功績を否定されるようなもの。反発があるのは必至です。

そこで当初は、「無料施策をやめよう」と言うのではなく、解約施策の結果の数字を並べ、それに基づいた客観的事実を述べることに集中しました。

「こういう目的で加入した人は、こういう理由で解約を申し出てきました。それに対して、こういう言葉を投げかけると、○%の人が解約を思いとどまってくれました。一方、無料施策を目的に加入した人は、いずれの施策も効果を発揮せず、解約リテンション施策の成功率は○%に留まりました……」

といった具合です。

当時私は、営業部門の会議や経営層との会議などに定期的に参加していました。そういった会議において繰り返し、無料施策で加入した人にはリテンションが効かず、初月解約の原因になっているという事実を、データとともに淡々と説明し続けました。

また社長と話す機会があると、「無料施策は意味がありません。解約の再生産を繰り返しているだけです」「1件解約を止める方が、1件加入を増やすより経営への貢献度が高いと思います」と言い続けました。

こうした地道な取り組みの結果、経営層も徐々に、解約増加に直結する無料施策の副作用に言及し始めました。

しかし、それでもしばらく無料施策は続けられていました。「解約を減らすのは無理」という風潮の中で、社長自身、無料施策を無くした時にどこまで解約が減少し総加入件数を増加させられるのか、確信がなかったのではないかと私は推測しています。

組織変更が社内へのメッセージに

その後、解約防止部が発足してしばらくすると、解約は減らすことができること、無料施策は短期解約につながることが社内的にも認識されるようになってきました。

すると会社は、解約防止部を格上げし、営業局と同レベルのカスタマーリレーション局とすることを発表。組織のミッション、人員構成はそのままで、私は局長兼部長になりました。

部が局に昇格する際、社長は「顧客を獲得することと、解約を抑止して顧客に継続してもらうことは同等の重要性を持つので、営業局とカスタマーリレーション局の２局体制にする」と説明しました。

「１件解約を止めるほうが、１件加入を増やすより経営への貢献度が高い」と主張していた私には多少引っかかるものがありましたが、客観的に見れば大きな進歩です。加入獲得一辺倒で解約は増えても致し方ないとしていた過去の社内の風潮に対して、会社の姿勢が示されたのですから。

とは言え、部から局に変わっても業務内容もメンバーも変わらなかったので、組織改定後しばらくは、社内の雰囲気には何の変化もないように見えました。

しかし「解約抑止は、新規顧客獲得と同様に重要」というメッセージは徐々にボディブローのように効き始めました。会社が組織を変えることは社内外へのメッセージなのだと私は感じました。

メッセージを受けとった関連部署の協力体制が厚くなり始め、解約抑止状況が全社に注目されるようになり、この業務の意義が周囲に認められたという変化を部員たちも感じるようになりました。解約抑止効果はすでに上向き傾向にありましたが、周囲の協力によってトレンドがさらに上向きになりました。

社長が「無料施策を全面的にやめる」と宣言

解約抑止策が効果をあげるだけでなく、加入獲得の際にも解約抑止を念頭において無料施策をひかえることが、優良顧客の割合を高める効果があると明確になり始めたころ、WOWOWの営業戦略に次の地殻変動が起きました。

「今後は価格施策を行わない。これからWOWOWは番組で売っていく。専ら番組の質で加入者を増やす有料放送局になる」と社長が宣言したのです。

前にも書いた通り、価格施策が中心だった頃の営業マンの仕事は、キャンペーン実施にあたって、値引きやオファーのバリエーションを考えることでした。当時すでに解約抑止や番組の上質さで加入を獲ろうという動きは始まっていたものの、従来からのそのやり方も続いていました。

そこに突きつけられた、価格施策は行わないという変更に営業現場は当惑しました。

「今までの営業手法がすべて否定された」「価格施策がないと加入が減るのではないか」という声が出て、改めて多くのキャンペーンに何らかの価格施策が絡んでおり、営業現場は価格施策以外の発想を持ちにくくなっていることが感じられました。

「価格施策をしないのなら、何をすれば良いのかわからない」という営業部門の反発の声もありましたが、それを聞いた社長は「わからないなら、やらなくてよし」と、旧来の営業のやり方を突き放しました。

私はそのきびしいやり取りをドキドキして見守りながらも、社内の空気が変わり始めていることを実感していました。

「大量加入、大量解約」を卒業する頃には、価格施策を縮小しても加入が獲得できるようになっていました。

社長はその時点では勝算があって「価格施策全面ストップ」を決断したのでしょう。そして実際、価格施策ストップ後は、番組編成と、顧客の生活スタイルやニーズに合わせたプロモーション・販促施策だけの営業で、新規加入数が大幅に減少することもなく、むしろ解約が予測を超えて抑えられる状況が続き、総加入件数上昇の基盤が作られました。

カスタマーリレーション局長になって2年目。私はまた社長から人事の内示を受けました。次はマーケティング局長です。

「顧客視点で考えると、加入するまでの営業と加入後のカスタマーリレーションは一体であるべき」なので、**プロモーションから加入獲得という「入り口」と、加入後の解約抑止を一連のマーケティングとして**行えという内示でした。

解約が増加し加入者数が底にあった時期に発足した解約防止部は、獲得重視の営業局と対をなす局になり、さらに顧客獲得からエンゲージメントまでが一連の戦略として実施されることになりました。

旧来型の営業手法や体育会型のマネージメント手法は、なくなりはしないものの随分縮小しました。気づくと私は、企業が成長期から成熟期へと移行し、安定的な新しい成長スタイルを定着させる時期の変化の真っただ中にいました。

第4章

優良顧客をあぶり出す方法

カスタマージャーニーを知る

　マーケティング局長として、加入獲得から解約防止を一連の流れとしてとらえよとの指示を受け、私は、加入直後の方から長期加入者まで、すべての加入者の「カスタマージャーニー」を知りたいと思いました。

　「カスタマージャーニー」とは、一般的には顧客が購買にいたるまでのプロセスを指します。しかし私たちは、加入までの状況（加入ルート、キャンペーン、加入動機）から、加入後に視聴した番組、プレゼント応募やカスタマーセンターへの問合せの有無まで、ＷＯＷＯＷとの関わりの全体を時系列でみたものを「カスタマージャーニー」と考えていました。

　しかし開局当初からＷＯＷＯＷが顧客に聞いていたのは、氏名、生年月日、住所、電話番号、支払い口座のみ。２００５年からは加入動機の番組を聞くようになりましたが、個別の顧客に関するデータをとっているのは、加入時と、解約リテンションや解約アンケートを実施する解約時だけ。顧客の状態を「ジャーニー」として連続して把握する視点や仕組みはありませんでした。

私たちがそれまで取り組んできた解約抑止策は、解約数の減少に一定の効果を発揮していましたが、本来大切なのは、加入後どの時期にもWOWOWに親しみ、評価していただき、契約を続けていただくこと。

WOWOWの「カスタマージャーニー」、つまり加入獲得（アクイジション）から解約防止（リテンション）の一連の流れを顧客視点で把握したいと考えましたが、「使えるデータ」が不足していました。

みんな「使い物にならないデータ」から始める

今、この本を読んでくださっている方の中には「うちの会社も同じような状態だ」と思っていらっしゃる方が少なくないのではないでしょうか。

WOWOW退職後に、さまざまな会社のコンサルティングをさせていただくようになって、多くの企業のデータを拝見しました。しかし、私がWOWOWで「使い物にならない」

と思ったのと同じようなデータしかないのが、多くの企業の実態でした。

歴史のある企業であればあるほど、従来からのスタンダードなやり方と成功体験があり、これまで顧客データの活用の優先度は高くなかったのだと思われます。

データが重視される時代になって、「うちは、どうするんだ?!」と慌てている企業は珍しくありません。御社だけではありません。多くの会社が、担当者が、使い物にならないデータから始めているのです。

当時のＷＯＷＯＷもそうでした。私はマーケティングに活用できる全顧客のデータがほしいと思いましたが、解約防止部ができた時点ですでに総加入件数は２４０万件を超えており、すべての加入者データをとりなおすことなどできるわけがありませんでした。

まず正確に把握できる部分から

では「使えるデータ」を持っていない企業がマーケティングに活用する顧客データを収集するにはどこから始めるのがいいのでしょうか。顧客接点、顧客の状況を把握できるチャネルは、世の中のデジタル化に伴って近年飛躍的に拡大しています。とは言っても、はじめからすべてのチャネルでデータをとる必要はありません。全部を一度に把握しようとすると顧客を理解せずに数字を追うことにもなりがちです。

まずは自社の商品やサービスのプロモーション、販売、サービスの利用、継続や離脱など、正確に把握できる顧客の動きを数値化することから始めます。

その後は取得ポイントを周辺に広げたり、データ取得にあたるスタッフの人数を徐々に増やしたりして、正確に把握できている部分のデータ量を拡大していきます。

なぜなら、データ獲得過程に曖昧さや不正確さが含まれていると、獲得量の拡大に伴い分析結果と実態のブレがより大きくなり、活用できる知見につながらないからです。そして部分的にスタートさせた業務をできるだけ早期に代表性がある規模と質にします。

そこから得られた知見を全体に広げるのが、使い物にならないデータから始めた企業がデータ活用範囲を拡大する方法です。

ＷＯＷＯＷでは使えるデータが最初にとれていたのが「解約リテンション」施策でした。

解約リテンション業務の継続とともにデータを蓄積

リテンションに成功した際には、その要因をデータ化して蓄積していきました。通話記録を聞き返し、顧客の態度変容のきっかけになった会話やコミュニケーターの提案の仕方などを分析し、「こういう人には、こういう提案が成功する」という形で整理し、蓄積していきました。

現場の実作業を通して、どんなデータが役に立つかを確認しながら蓄積したことは、データ活用の目的を明確にするうえでも有効でした。収集に焦って、知見を見いだせないデータを大量に集めてしまうことにならないために、実作業と平行してデータ構築を行うことが大切だと思います。

こうして解約リテンションで蓄積したデータは、加入時に得られる顧客データと合わせて、ＷＯＷＯＷのマーケティング施策の軸になっていました。

また、こうして日々顧客に接しながらデータ蓄積を行ったＷＯＷＯＷのカスタマーセンターは、それまでの加入受付、問合せ中心のセンターから「顧客接点から得られるマーケティング情報を蓄積する場」に変化し始めました。

会社全体が、データをもとにしたマーケティングの視点を持ち始め、番組編成と顧客動向の関係を、加入獲得の段階から見て行こうということになりました。

しかしＷＯＷＯＷの番組数は編成のほぼ半分を占める映画だけでも月に４００を超えており、映画以外にも、スポーツ、ドラマ、音楽、ステージ、ドキュメンタリーなどの多数の番組があります。

個々のジャンルや番組と顧客の関係を詳細に追ってしまうと、かえって全体像が見えなくなりそうでした。

マーケティングに関係のない業務の社員も含め、全社員が番組編成と加入や解約の効率を共有できる分かりやすい分析が必要とされていました。

●●●「面積表」で加入数予測を可視化

そこで番組編成と加入獲得の関係を全社員が月ごとに把握するために「面積表」を作ることにしました。

「面積表」とは、ある月に放送されるコンテンツ（番組）から、その月の加入数を予測し可視化するものです。過去に同じ番組、出演者で放送した番組でも、放送時期や、生放送か録画かなど放送形式によっても予測が変化します。

たとえばある月の場合、「テニスの○○オープン：××千件」「アーティスト○○のライブ中継：××千件」「映画○○シリーズ一挙放送：××千件」「海外ドラマ○○のシーズン2：××百件」といったようにこれまでの加入実績から、この月の加入獲得数の予測を立てるものです。

過去に放送実績のないコンテンツの予測数値は、内容や出演者が類似した番組の実績を参考にして割り出します。同じジャンルの番組でも、加入獲得数はそれぞれ違うので、ジャンル別に予測数の大きいものから中規模、小規模の順にコンテンツ名と加入予測数を並べて表にします。

図4－1　加入者数が可視化できる「面積表」

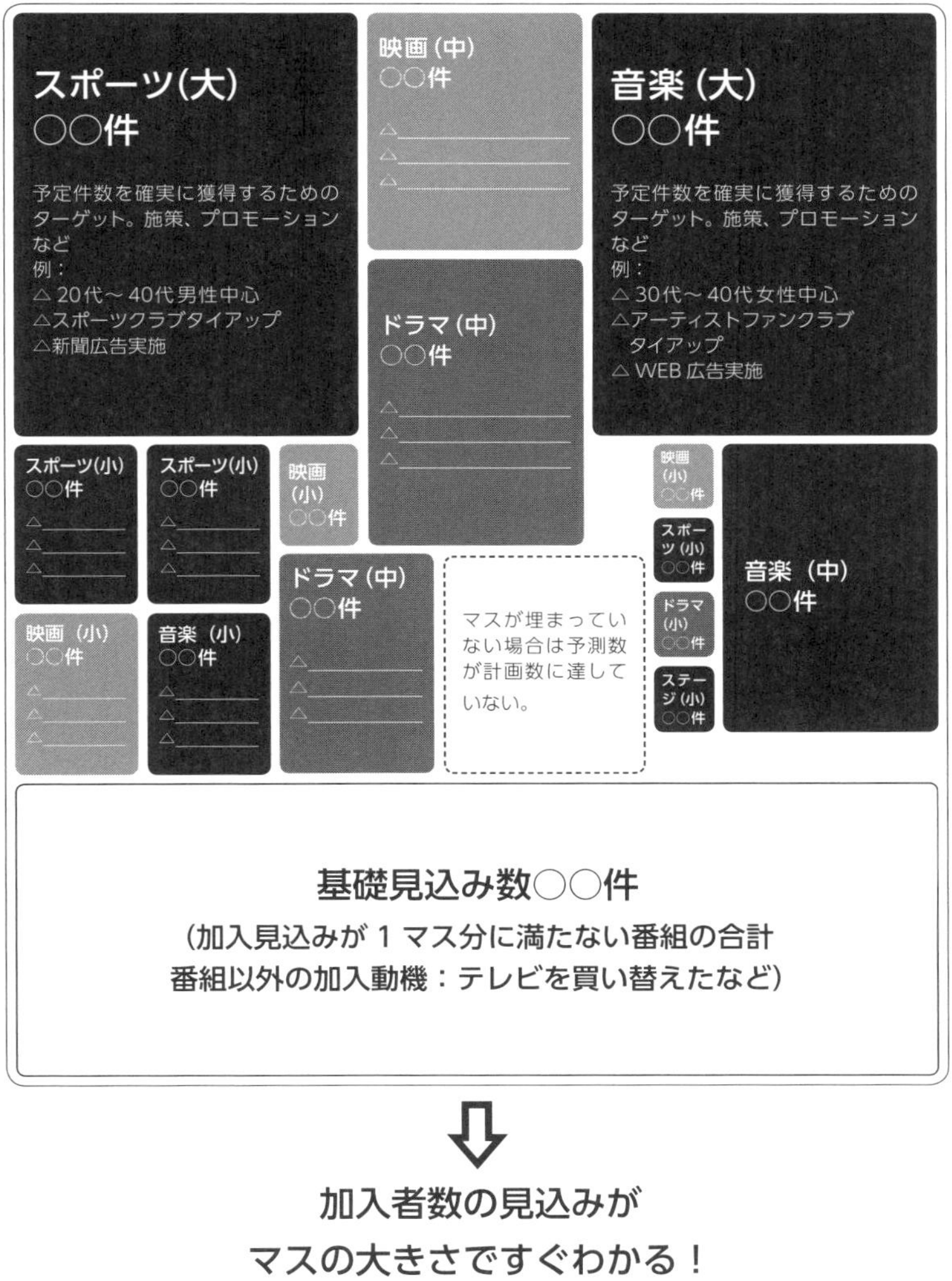

表では感覚的にとらえにくいので、面積に変換して可視化したのが「面積表」です。決まった件数（たとえば10件）を1マスとして、それぞれのコンテンツによる獲得予測数を四角形の大きさで表すと、ジャンルやコンテンツごとに面積の大小の差がつくので、コンテンツごとにどれぐらい獲得できる可能性があるかが、一目見ただけで直観的に把握できる図になります。

言い方を変えると、面積表で広い面積を占めているコンテンツは、それだけの数をきっちり獲得しなければならないということ。つまり、**営業の獲得優先順位も把握できる**わけです。こういう面積表を向こう3ヵ月分ぐらい作って社内で共有し、事業計画分の面積を予測の四角形で埋められない月は、加入予測が足りないのでキャンペーンを企画するなどしていました。

WOWOWには、この獲得予測を高い精度で行うスタッフがおり、毎月作られるこの面積表をもとに社内で獲得の議論がなされました。

こうした予測の可視化は、営業やマーケティング以外の部署にも、計画と現状の差やそのために打つべき施策を共有するのに有効で、複数のブランドや商品を持つ企業で活用可能だと思います。

この面積表はあくまでも、加入予測を可視化したものなので、放送後にその加入者がどれだけ解約せず残るかはまた別の話です。

たとえばアーティストのライブやシーズンもののスポーツ中継が放送される月なら、そのアーティストやスポーツ選手のファンが多数加入してくれることが予測されますが、放送が終わったら一気に解約が増える可能性もあります。

従って、解約が発生しやすい番組が面積表の中で大きい月はカスタマーセンターのトークやサンクスコールで早めの解約抑止策が必要、など面積表は解約抑止策のあり方も示していました。

リテンション施策こそ、「入り口」に注目する

面積表を作ったのは、加入の入り口から、個別の番組やジャンルと顧客数の関係を意識することの重要性に気づいたからです。

それまで私は解約防止を担う部署の責任者でしたが、マーケティング局長になり、新規獲得の営業も統括するようになりました。加入獲得の責任も負うようになり、広告予算も任されるようになったことで、どの番組の宣伝にどのくらいの予算をかけるべきか知るためにも、こうしたデータは有効でした。

面積表の算出ベースとなっているのは、過去から蓄積してきた加入動機のデータです。2005年9月から、加入時に加入動機番組について聞き始めましたが、その数字の積み重ねが面積表の作成を可能にしました。

かつてWOWOWでは、「○○電器店ルートで何件」「量販店ルートで何件」とルートごとに加入を予測していましたが、加入動機というデータを蓄積したことで、コンテンツごとに加入予測を立てられるようになったわけです。これは事業環境の変化に対応してマー

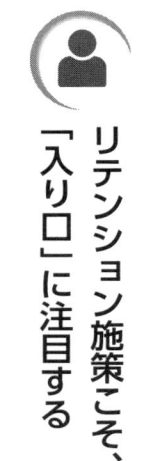

ケティング手法を変更した一例といえるでしょう。

データが膨大であるほど、分析の目的を明確にする

新規加入者の加入動機や、解約リテンション施策によって解約希望者が態度変容した理由やプロセスは、ＷＯＷＯＷの顧客接点を受け持つカスタマーセンターに蓄積されていました。

カスタマーセンターは、ＷＯＷＯＷコミュニケーションズというＷＯＷＯＷグループの会社にあり、カスタマーセンターには、電話による加入・解約だけでなく、ＷＥＢサイトからの加入の管理など、日常的な質問や意見への対応も含めた接点が集約され、顧客状況を一元的に把握できる場所になっていました。

２０１４年６月、私はカスタマーセンターのあるＷＯＷＯＷコミュニケーションズの取締役に就任しました。

そしてカスタマーセンターを活用して、ＷＯＷＯＷの顧客の動きや変化をスピード感を

もって把握し、全体像を明確にしてマーケティングに生かす業務をスタートさせました。

まず一人ひとりの顧客をより詳しく知り、優良顧客をあぶり出すために、ＷＯＷＯＷ社内の戦略部門とともに顧客のグループ分けを行いました。

マーケティングデータの分析には、対象が広くなりデータ量が大きくなればなるほど、分析そのものが目的化しやすくなるという傾向があります。

何を目的に大量のデータを抽出して分析するのか。分析によって何を理解し、どんな企画や施策につなげたいのか。マーケティング担当者がそれを認識し、情報を整理した上でスタートしないと、人や時間、費用を費やしても、大量の分析結果を前に何が分かったのかが分からなくて茫然とする結果に陥りかねません。

そこで私たちは、顧客データ分析の大目的を「エンゲージメント効果を上げるポイントの明確化」に置くことにしました。

それまでの解約リテンション業務で得た、「解約しやすさ」に関する知見やデータをもとに、顧客に長期にサービス（番組視聴）を利用し続けてもらうためには、何をすべきで、何をすべきでないのかを見える化させたいと考えました。

約４００万件の大量のデータを集約し、62のグループに分ける

そこで実施したのは、社内各所に点在していた大小さまざまなデータの収集でした。日本の多くの企業では、部署ごとの目的や必要性ごとにデータが獲得され、蓄積されていることが多いようです。それらは他の部署のデータとクロス分析することを想定していないので、言葉の定義、項目の立て方、範囲などがそれぞれの部署の考え方のみに基づいており、そのままでは他部署のデータと突合することができません。

ＷＯＷＯＷもまさにそのような状態でした。

そういう場合は、いろいろな様式で蓄積されたデータをいったん共通形式のデータにしてからクロス分析するのが一般的です。

データ規模が小さければ、このやり方で社内でもデータを突合せできる場合があります。規模の大きいデータ同士を突合して分析するためには、ＢＩ（Business Intelligence）システムを使用して、目的ごとに分析し分けることができますが、その場合は、各システムに設定されたデータの組み合わせ方、アウトプットの仕方に合わせることが求められます。

ＷＯＷＯＷでは２８０万世帯を超える顧客と、これまで放送してきた膨大な番組、そしてＷＯＷＯＷコールセンターに蓄積されたリテンションデータなど約４００万件の大量のデータが集約されました。

まず「最近加入したか」「1年以上加入しているか」などの加入期間、「映画がみたい」「音楽番組がきっかけ」といった加入理由、「性別・年代」などの属性、「WEBで加入」「電話で加入」などによって全顧客をスコアリングし、そのスコアを、解約しやすさをポイントに各グループが数万～数十万件になるよう62グループに分けました。

解約しやすさや解約理由については、それまでの経験でかなり分かっていると自負していましたが、62のグループに分けてみると、改めてさまざまな気づきがありました。

解約しやすさの順に並べてみると、62のうちの最も解約しやすいグループと、解約しにくいグループの間には約9倍もの開きがありました。

これは、解約率が高い加入翌月に、どのグループを優先して解約抑止策を行うべきか、またどのような内容で実施すべきかを決めるのに役立ちました。

また、62の各グループの要素を見ていくと、それぞれのグループの顧客の特徴とそれに沿ったリテンションを行うためのヒントがありました。そこを追求していくことによって、それぞれのグループに対する効果的な解約抑止策が打てるようになりました。

顧客の特質に合わせたスクリプトで、解約リテンションの効果が向上

この作業を進めるうちに、さらに見えてきたことがありました。それまで加入時に聞いてきた「映画が見たい」「音楽番組が好き」といった見たい番組のジャンルだけでは、顧客と解約しやすさを紐づけてリテンションやエンゲージメントに活用するには表層的で不十分だということです。

では、何が分かると、解約しやすい顧客像がつかめるのか。ＷＯＷＯＷのカスタマーセンターは、その答えは「なぜ？」にあると結論づけました。

「なぜ映画が見たいのか」「なぜ音楽番組が好きなのか」。答えは人の数だけあり多くは映画、音楽、エンターテインメントに触れた時に味わう気分・気持ちに理由があることが多いようでした。各グループを構成する全員の「なぜ？」が聞けなくても、一部の人のそ

れが分かるだけでもデータの利用価値はぐっと向上しました。

そして、各グループの解約しやすさ傾向と「なぜ?」に着目したトークスクリプトを作成し、3ヵ月間にわたり約200人のオペレーターを設置。解約電話がかかってくると、その加入者が属しているグループを割り出しグループごとに作成したトークスクリプトで解約リテンション施策を実施し検証しました。

通常コールセンターでは、新しいオペレーションに切り替えた直後はパフォーマンスが落ちるものですが、この時は落ちることなくすぐに効果が現れました。

検証結果は、リテンション成功率が通常の解約リテンションと比べて約20ポイント向上。リテンション後3ヵ月してからの契約継続状況も、通常リテンションと比べ約45ポイント向上しました。

リテンションやエンゲージメントは、個々の顧客を知って行うことがいかに大切かを物語る数字だと私は考えています。

同じサービスを利用していても顧客にはそれぞれの生活と事情があり、求める価値は一律ではありません。

同じ内容の施策を全体に一律に行うと、ターゲットを細分化して施策を分けた場合に比べ費用が抑えられるので好まれる傾向があります。が、一律な内容で行う施策は、結果的に対象の誰にもジャストミートしない場合が少なくありません。費用が抑えられても、効果がでない施策はやる意味がありません。

リテンションやエンゲージメントの施策もＣＰＡ（1件あたりのコスト）が高くならないように見ていく必要がありますが、相手の特性や事情に合わせて施策を分けて実施することが、新規の顧客の創出が難しい時代に費用を無駄にしないための有効な方法だと私は考えます。

引き留めるポイントは人の「気持ち」

グループ分類が顧客を知る手立てとして有効に活用され、リテンション率が向上したことを受け、次にデータ構築の対象はサービス内容（番組）に移りました。

解約抑止の本質はサービス、ＷＯＷＯＷならば番組の利用推進にあります。そのためには、顧客ニーズの変化と、番組やジャンルごとの過去の利用率（視聴率）の関係を分析する必要があることは、従来から社内でも指摘されてきました。

しかし、ＷＯＷＯＷでは映画、音楽、スポーツ、ドラマ、ドキュメンタリーと番組ジャンルが多岐にわたり、あまりに番組数が多く、データベース構築にあたっての負担が大きいことが予測されたためにスタートが遅れていました。

ところがその後、動画配信サービスが続々誕生。本格的なリコメンドエンジンを使用して顧客に番組を勧めるＮｅｔｆｌｉｘの登場などにより、ＷＯＷＯＷでも番組情報データベースの構築が急務ということになりました。

スーパーコミュニケーターの頭の中をデータベース化したい

それまでは、番組情報は番組編成用のデータベースで検索していました。番組を編成する際に使うことを目的としたデータベースなので、「ハリウッド映画」「１９９０年代公開」といった検索はできても解約抑止やエンゲージメントにつながる項目では検索できませんでした。

顧客データベースを構築した際に、「映画」「音楽」などジャンルのデータだけではリテンションやエンゲージメントには不十分だとわかったので、番組データベースでは、顧客にアピールしやすい嗜好や背景を個々の番組に紐づけて構築しました。

ここで活躍したのが、解約リテンションの成功率が高い、スーパーコミュニケーターたちでした。彼（彼女）らは、解約申し込み電話の会話から、これまで顧客が番組を見て感じたこと、番組編成についての感想などを探り出します。

そして自身のセンサーを働かせて「この人が本当に見たいのは、じつはこういう番組」という方向性をみつけ、放送が決定している番組の中から方向性に合うものを選び出し提案していました。

こう書くと、大勢のスタッフと大量の資料を動員しているように感じられるかもしれませんが、じつは一人ひとりのスーパーコミュニケーターが無意識のうちにこういうことをしていたのです。

スーパーコミュニケーターの最もスーパーな点は、彼ら彼女らの頭の中にある独自のデータベースです。

長期間解約リテンションに携わるうちに、どんな番組が顧客のどんなニーズを満たすのか、どんな嗜好の顧客にどんなタイプの番組を勧めると解約が撤回される傾向にあるのかが頭の中に蓄積されていて、会話から探り出した顧客ニーズと、自身のデータベースの中にある番組の特質をマッチさせているのです。

しかし、すべてのコミュニケーターにそれを期待するのは無理です。一般的な能力のコミュニケーターも、入ったばかりの新人もいます。そういう人たちも、スーパーコミュニケーターに近い結果を出せるような仕組みを作れたら……、というのが、番組データベース構築の目的の一つでした。

「スーパーコミュニケーターの頭の中にあるデータベースを、実際のデータベースに置き換える」。こう書くと荒唐無稽に感じられるかもしれませんが、実際、そのような流れで構築作業が進められました。

データ量が大きいので、データベース化する作業は外部の協力をあおぎましたが、肝となる「顧客ニーズと番組をどう紐づけるか」はスーパーコミュニケーターたちの中にしかありませんでした。

気持ちを軸に番組データベースを構築

この作業を進めるうち、顧客ニーズと番組を紐づけるポイントは顧客の「気持ち」にあることがチームの共通認識になりました。

嗜好や生活スタイルが異なる顧客が、心地よいと思ったり、心を揺さぶられたり、「もう一度見たい」と感じるエンターテインメントは人によって違います。**人によって違う「気持ち」に応える提案をするからこそ、リテンション時に顧客の気持ちを動かせるのです。**

顧客の気持ちを動かし、態度変容を促したポイントは何だったのか。それがコミュニケーターの頭のなかに無意識のうちに蓄積されていました。

そこで番組データベースでは、顧客の態度変容のポイントを、気分、雰囲気、感覚、価値観といった項目に分けて落とし込んでいきました。

「楽しい」「ほっこり」「泣ける」「スカッとする」など、気持ちを軸に分類すると、映画、音楽、スポーツなどジャンルで分けた時とは違い、常識的には繋《つな》がらない番組同士が同じ気持ちに結び付いていることがわかりました。

スーパーコミュニケーター6人で構成されるデータマネージメントチームに、データ構築専門会社のスタッフが聞き取り調査をし、番組やジャンルに、人のどのような気持ちがマッチするのかを紐づけてシステム化するという、気の遠くなるような作業が8ヵ月ほど続き、番組データベースを立ち上げました。

人がエンターテインメントに触れた時に味わう気持ちを軸に作られたＷＯＷＯＷの番組データベースは「気持ちデータベース」と呼ばれています。

ＷＯＷＯＷの番組データベースは結果的に45の設定（ロマンス、サスペンス等）、１３００種類の気持ち（ワクワク、シュール、男気を感じる等）を持つものになりました。

そして、気持ち情報が紐づいた番組データベースと、解約しやすさを基に62のグループに分けられた顧客データベースを使って、解約リテンション業務が行われるようになりました。オペレーターは、顧客がこれまでＷＯＷＯＷで見た番組や生活の変化などを自然な会話の中で聞き出しながら、この2つのデータベースを使って、その顧客が望むコンテンツを放送予定番組から探して案内し、リテンションを行い始めました。

その結果、番組データベースの導入により、通常のオペレーションに比べ、解約撤回率は30ポイント、3ヵ月後の継続率は14ポイント上昇するという成果が得られました。

多くの人が利用（視聴）したいと思う番組は従来のデータからも予測でき、マスメディアで広告して加入に結びつけることができます。しかしリテンションやエンゲージメントの場面では、特定の個人が「とても見たい」と思う番組を提示する必要がありました。

顧客とのコミュニケーションは、結局のところ、どう1対1で向き合えるのかにかかっています。WOWOWの顧客データ分析の最大の功績は、この2つのデータベースによって個々の顧客に向きあうきっかけがつかめたこと、と言えるかもしれません。

WOWOWの神対応に称賛の声

「気持ちデータベース」を構築した後は、そのデータベースを活用したリコメンドシステムの開発に取り組み始めました。

ある時ヤフーのトップページ中段の「ツイッターの話題紹介」欄に「WOWOW解約電話対応が神対応と称賛の声」という話題が紹介されました。顧客データベースと番組デー

図4-2　ツイッターで話題になったコミュニケーターの「神対応」

タベースを解約リテンションに使い始めて数ヵ月が過ぎた頃でした。

『WOWOWに解約の電話かけて解約理由（テニミュ特集終わったから）を答えたら、「テニスの王子様に出演されていた松岡さんが主演のNARUTOの舞台が10月に放送されるのですが、松岡さんのファンではございませんか？」って聞かれてちょっと笑いそうになった…w　WOWOWすごい』

『テニスの王子様』という、中学校のテニス部が舞台の漫画が原作のミュージカル（略称：テニミュ）の放送を目当てに加入した人が、放送終了後に解約しようと電話し、解約理由を『テニスの王子様』が終わったからと伝えたら、オペレーターから「松岡広大さんのファンではありませんか？」という質問があり、「なぜ私の好きな俳優を知ってるの!?」と予想外の突っ込みに驚き笑いそうになったという内容です。

松岡広大さんとは、『テニスの王子様』に出演していた俳優。オペレーターは、その松岡さんが主演する『NARUTO』という舞台の放送があることを伝えて解約を止めようとしたのです。

このツイートは、投稿された翌日には6千リツイートされ、2千のお気に入り登録がありました。ツイートに対するコメントには「客層をよくわかってる」「オタク心（オタクの心）をくすぐる対応」「神対応」といったほめ言葉が多く、「ウソでしょ。こんなこと言うわけない」というものもありました。

ウソではありません。番組リコメンドシステム（顧客データベースと番組データベースを、顧客に番組を勧めるシステムとしてこう呼ぶことにしました）を使ったリテンショントークでは当然の対応です。

通常、定期利用の商品やサービスの解約をしようとする顧客に企業が別の商品を勧めることに対して、褒められたり、驚かれたりすることはありません。それは、企業が勧める商品はあくまでも自社の都合で勧めているのであり、必ずしも顧客にとって「自分に合う」と感じられる商品ではないからです。

ツイートした人が驚き「ＷＯＷＯＷすごい」と感じた理由は、自分を知るはずのない解約窓口のオペレーターに自分が好きな俳優について質問され、その俳優が出る番組を勧められたからです。

リコメンドシステムにより常識にとらわれない提案が可能に

その仕組みは次のようになっています。

解約電話を受けると、オペレーターはまず電話の顧客を特定します。氏名、電話番号などで顧客の「お客様番号」を調べ、顧客データベースに照会し、62に分けたグループのどれに顧客が当てはまっているかを把握します。顧客が所属するグループが分かると、そのグループの顧客に効果が高い順番に並べられた「対応」がオペレーターのＰＣ画面に表示されます。

「対応」とは、顧客と会話しながら、その人の「気持ち」に合う番組を勧める「お勧め番組提案」や、デジタルデバイスで番組が見られる「ＷＯＷＯＷオンデマンド」、そして「録画提案」（忙しくて放送時間にテレビが見られない人に提案）などです。

画面上の「お勧め番組提案」「ＷＯＷＯＷオンデマンド」「録画提案」のボタンをクリックすると、ボタンの下に顧客に提案する内容が電話応対のスクリプトの形で具体的に表示され、そのまま対話できるようになっています。

「対応」以外に、オペレーターのＰＣには、該当顧客が、いつ加入したか、解約履歴があれば過去の「契約期間情報」や、加入時の「加入動機番組」などが表示されます。この画面を「リテンションカルテ」と呼んでいます。

時代劇が好きな60代の男性に、洋画を勧めて評価される

「お勧め番組提案」の成功例の中に、人の「気持ち」がエンターテインメントのジャンルを超えることを示すわかりやすい例がありました。

ある日60代男性から解約申し込みがありました。加入動機番組は『赤穂浪士』となって

いました。

映画『赤穂浪士』は東映の時代劇。60代男性で加入動機が『赤穂浪士』なら、常識的なリテンションでは邦画の時代劇を勧めます。コミュニケーターは『赤穂浪士』とシステムに打ち込みましたが、時代劇は放送が予定されていなかったので表示されませんでした。

コミュニケーターは20代の女性で、60代男性の好みは想像がつかなかったので、リコメンドシステムの指示に沿って「どんな気分や雰囲気の番組がお好きですか」と聞きました。男性が「男気溢れるやつが好き」と答えたので「男気溢れる」とシステムに打ち込むと映画『ロッキー』シリーズ一挙放送が表示されました。

コミュニケーターが「男気溢れる感じがお好きでしたら来月、ロッキーが放送されますがご覧になりませんか？」と案内すると、60代男性はなんと「いいね！ スカッとしそうだ」と答え、リテンションが成功したのです。

実際にはこれほど単純なやりとりではありませんでしたが、常識にとらわれずに**顧客の「気分」や「気持ち」から導き出した結果、予想外のところに顧客にヒットする番組がある**ことがわかった例です。

リテンションカルテやリコメンドシステムを使って解約リテンションを行うことで、リテンションに要する対話の時間は減少しました。グループごとの顧客の特徴に合わせ、顧客が反応しやすい順に「対応」を提案している結果です。

一方で、同じ応対時間の中での顧客とのコミュニケーションは深くなりました。これも62のグループごとの顧客の特徴に合わせた提案を行っているからです。自分の事情や、興味があることに合わせて話題を提供されると人は思わず話にのってしまうものです。

この「赤穂浪士」で加入した人のリテンションが「ロッキー」シリーズ一挙放送で成功した例は、オペレーターが自分の知識や思い込みを持たずにリコメンドシステムを素直に使用したことが成功につながりました。

結果的に60代男性は、オペレーターに「ロッキー」における男気について気持ちよく語ってくれたそうです。「君は若いのによくわかってるね。話せてよかった」と言って電話が終わっていました。解約を止められた人が、番組を見た時に味わう「気持ち」について気持ちよく語る。単純に解約が抑えられただけでなく、顧客が自社のサービス（番組）をきっかけに味わう快さを再確認する機会を作ったという点で、良くできた解約リテンションの例だったといえます。

なおこの後、ＷＯＷＯＷのコールセンターがある「ＷＯＷＯＷコミュニケーションズ」では、このリコメンドエンジンを活用したエンゲージメント施策のパッケージを作り外部の企業に提供しています。

人が介在するから高まる満足度

すべてのやり取りがコンピューターで完結する仕組みと、人が介在するやりとりの決定的な違いは、コミュニケーションが存在するかどうかだと私は考えています。

前出の『赤穂浪士』で加入し『ロッキー』で解約を思いとどまった顧客は、オペレーターとのやりとりの最後に「君は（顧客のことが）わかってるね」「話せて良かった」と言っています。オペレーターとのコミュニケーションが上質な体験に導いたと言って良いでしょう。

たとえばこの顧客が自分でリコメンドシステムに好みを入力し、システムが『ロッキー』と表示しても、同じような心地よさを感じたでしょうか。

残念ながら、そうはならなかっただろうと思います。人とのコミュニケーションを通して感じる驚きや喜びは、分析結果そのものに対してだけ感じているものではないのです。その結果を導き出す過程や、結果を伝える際に、オペレーターの顧客に対する共感や配慮が伝わることによって、単純な結果とは別物のコミュニケーションになっているから、心地良く感じてもらえるのです。

コミュニケーションを深め、良い顧客体験に導く

アマゾンで本を購入する際に表示される「この本を買った人は、こんな本も買っています」というリコメンドシステムは、類書を探さないで済んだり、意外な本が紹介されたりして「すごいな」とは思いますが、もっとすごい機能のシステムがでてきたら、私ならそちらに転向するかもしれません。

アマゾンのシステムに感じるのはコンピューターが介在したことによる利便性の高さであり、そのシステムを通して企業との間にコミュニケーションが生まれているとは感じません。

自分に合っているリコメンドがあれば購入の可能性が高まりますが、一方でコンピューターを通して企業に自分の嗜好を読み取られたと感じて、今後の利用を少し控えようかと思ったりする人もいるでしょう。

つまり自分の好みにストライクな商品をコンピューターに勧められても、たとえ勧められたものに新鮮な発見があっても、そこにコミュニケーションが発生していると人は感じていないので、体験価値につながりにくいのです。

人と人のコミュニケーションの意味は、人が存在するからこそ顧客の体験価値が上がる、つまり人が存在することによるプレミア感だと私は思います。

この点からも、人を介在させることの意味、人とコンピューターの使い分けの大切さがわかります。

「赤穂浪士からロッキー」の顧客のやりとりが示しているもう一つのポイントは、顧客に「君は（顧客のことが）分かってるね」と言われていること。つまり、オペレーターとのコミュニケーションが、「WOWOWは自分の好みを知っていて、それに合う番組を提供する」という評価に繋がっていることです。

人が、人や企業にロイヤリティを感じる際の重要なポイントは「自分のことを分かってくれる」だと言われています。

人に対してであれば「自分の気持ちを分かってくれる」「自分の立場を分かってくれる」でしょうし、企業に対しては「自分の好みをを分かってくれる」「(だから)いつも自分に合う商品やサービスを提供してくれる」ということになります。そして、優良顧客を増やすためにはロイヤリティを高めることが必須なのは言うまでもありません。

顧客とコミュニケーションを深め、良い顧客体験に導く。この流れが作られないとロイヤリティを高めることはできず、優良顧客化も難しくなります。

優良顧客を増やしていくためにも、今後、人が介在するコミュニケーションの必要性は、ますます高まると言えるでしょう。

システムの向こうにいる生身の人間を感じさせる

では顧客の体験価値を上げロイヤルティを向上させるためには、どのポイントに人を介在させ、その存在を顧客に感じてもらえばよいのでしょうか。

購入や利用開始の段階は、できる限りシステム化することが必要です。新規の顧客をスムーズに流入させる必要があるからです。

しかし、商店街の八百屋や魚屋で店の人に新鮮な食料品の見分け方を教えてもらえる、というような購入時の付加価値は、生活者にとっては見逃せない魅力です。

商店街の八百屋や魚屋はすべてを人が行っているから、当たり前にこうした付加価値がついてくるわけですが、システムを通しても、部分的に、裏側で顧客の動きを見つめている人がいることを感じさせるコミュニケーションは可能です。

ホームページ上でのFAQ以外に、実在する社員に質問できるサービス窓口を設けたり、SNSの公式アカウントで担当者がメッセージを発信したりしている企業はそれを狙っています。システムを通していても、このようなサービスの向こう側には、顧客が人の存在を感じるからです。

そして**生身の人間が存在することで人件費を補って余りある効果が得られる場面には、人を介在させることが重要です。**WOWOWの解約リテンション施策は、システムだけでは得られない効果が人の介在によって得られる最たる例だと思います。

顧客にとって不愉快なやりとりは、人でもコンピューターでも当然論外ですが、「赤穂浪士からロッキー」の顧客のように、上質な顧客体験に導き、ロイヤリティが感じられるコミュニケーションは、人間が介在しないとできないと私は考えます。

リテンションの場面でこうした体験をし、解約せずに留まった顧客は、他の同業サービスに簡単に乗り換える可能性が低く、その後はよほどの事情がない限り解約しません。

ＷＯＷＯＷの解約は長らく電話でないとできませんでした。（現在はＷＯＷＯＷのサイトにＷＥＢ会員の登録をしている加入者限定でオンラインでの解約を受け付けています。）

オペレーターと話さなければ解約できないことを煩わしく感じる人もいます。

しかし、オペレーターは嫌がる方にはしつこくリテンションすることはありません。むしろ顧客の気持ちに添って解約の手続きをし、加入期間が数年間にわたる顧客には「○○様、××年の長い間ご視聴いただきまして本当にありがとうございました」と感謝を伝えます。

ツイッター上には解約時にオペレーターにこう言われたことを、「ぐっときた」「また状況が許せば加入したいと思った」とつぶやいている例がたくさんあります。

システムで解約受け付けをした場合にはこうした気持ちにはなりにくいのではないで

しょうか。

解約時に良い顧客体験をしてもらうことも、人と人のコミュニケーションだからできることで、結果的にロイヤルティ向上に寄与していると言えるでしょう。

第5章

優良顧客の割合が利益体質を決める

売上の8割を占める、優良顧客を見つける

経済学者のヴィルフレド・パレートが提唱した、分布結果から全体状況を俯瞰して分析した法則（「パレートの法則」）では、「全体の2割を占める優良顧客が売上の8割をあげている」とされています。

全体の2割を占める優良顧客を特定し、他の顧客と差別化した情報やサービスを提供することで8割の売上が維持でき、費用対効果があがり、利益率があがるというのが、パレートの法則の考え方です。

パレートの法則で言う優良顧客とは、購買頻度や1回あたりの購入価格の高い人のことを指しています。しかしＷＯＷＯＷのように、購買頻度や月額料金が一定のビジネスでも「優良顧客」を定義して、その人たちを大切にするという考え方は当てはまります。

優良顧客を維持し、優良顧客に対する費用対効果を高めることが、全体の利益率を向上

させることにつながるのです。

そのために、**自社の「優良顧客」を明確にし、優良顧客が求めているものを把握し、それに応えていく**ことは企業にとって重要です。

私は解約抑止策で得た知見をいかし、優良顧客が求めているものに応えていくことが、顧客全体の契約を長期化させ、全体の利益率を高めていくことにつながると感じていました。

読者の皆さんの会社でも、こうした流れで利益率を高めることが可能だと思います。そのためにはまず、優良顧客を見つけることです。

まず自社にとっての優良顧客とはどんな人なのかをきちんと定義する必要があります。あなたの会社では、優良顧客はどのような人で、あなたの会社の商品やサービスの何を評価してくれていると考えていますか。

これまでマーケティングのコンサルティングをさせていただく際に、いつも最初にその会社の何人かの社員にこの質問をしてきました。全員が回答してくれる会社もあれば、あいまいな答えしか返ってこない会社もありました。逆に「なぜ、優良顧客について知る必要があるのですか」と質問をされたこともありました。

なぜ優良顧客について知る必要があるのか。

それは、**その会社の優良顧客が、その会社の商品やサービスの価値を最もよく知り、評価する人だからです。**その価値が、他社では提供されないと感じているから彼（彼女）らは優良顧客であり続けているわけです。

そして、その人たちが評価する価値こそ、その会社が何のために社会に存在しているのかの回答だと私は考えています。

日本が成長期にあり、出せば売れるイケイケどんどんだった時代は、消費者を個人ではなく塊として捉えて、目立つ宣伝や販促でアピールすることが効果的でした。

ところが、２０００年前後に経済は成長期から成熟期に入り、宣伝や大型の販促で人を塊として動かす高コスト構造のマーケティングでは採算が取りにくくなりました。そして顧客との良好な関係の構築や、個々の顧客とのコミュニケーションの大切さが言われるようになったのです。

そのために、顧客の生活スタイルを知って細やかに対応する姿勢が求められるようになりましたが、人を塊と捉えていた時代の分かりやすいマーケティングスタイルに慣れた人の中には、考え方を変更できない人も少なくありません。

しかし成熟期に入り約20年がすぎ、大衆を大きく刈り取る発想が時代遅れになり、デジタル化の進展とともに個々の顧客とのコミュニケーションがいよいよ重要になりました。

顧客との良好な関係なしにビジネスを展開していくこと自体が難しくなっています。

自社の商品やサービスに他社にない価値を評価してくれる人、つまり優良顧客を中心に、その周辺に存在する優良顧客と価値観の似た人を誘引し、優良顧客をパートナーと認識してマーケティングを展開する必要があるのです。

「優良顧客=長期契約者」と定義した

一般には、購入金額と購入頻度が高い顧客を優良顧客と呼ぶことが多いようです。

私は解約防止部をスタートさせた時に、優良顧客を定義したいと考えましたが、WOW

OWは月額視聴料2300円（税抜、2契約目は900円）で1ヵ月に何本の番組を見ても変わらず、購入頻度は全加入者共通で毎月更新なので差がつきません。購入金額と購入頻度が高い顧客という一般的な定義では、WOWOWの優良顧客は定義できません。

個別の加入者の契約数は概ね1～2契約で大きな差がつかないので、累計金額を決定する「視聴継続期間」を、WOWOWの優良顧客を決めるポイントとすることにしました。

優良顧客を長期間、視聴を継続している人、つまり「長期契約者」と定めると、それまでの対応について大きな反省点が浮かび上がりました。**誰を優良顧客とするか、という視点が定まっていなかったために、差別化が図れていなかったのです。**

当時のWOWOWは、累計購入金額の高い優良顧客ではなく、自社のサービスに未接触の人やいったん解約した人を加入に呼び込むことにもっぱら意識を傾けていました。

全加入世帯に届くプログラムガイドや番組を通して、加入している方を対象にしたプレゼントも実施していましたが、当時は加入期間の長短に関係なく当選者を決定しており、カスタマーセンターには時々「私は昔から加入しているのにサービスがない。長期加入者にサービスはないのか」という声が寄せられていました。

しかしそうした声がある一方で、ＷＯＷＯＷには多くの長期加入者が存在していました。２００８年９月末時点の全加入者２３６万件のうち、半数以上が5年以上の長期加入者。そのうち20万件以上が１９９１年の開局時から加入してくださっている方々でした。

優良顧客は「物静か」である

「長期加入メリット」を求める声が時々あるとはいえ、ほとんどの長期加入者は、文句を言わず黙って毎月視聴料を払って加入し続けてくれていました。ＷＯＷＯＷは多くの静かな優良顧客に支えられていました。

一方で、静かに契約を継続してくれているから会社の意識が向かいにくかったという面もあり、優良顧客は一言でいうと「普段あまり注目されなくてもずっと付き合い続けてくれる方々」でした。

特別扱いされなくてもＷＯＷＯＷを継続してくれている方々が「継続に値する」と感じているものこそ、ＷＯＷＯＷの本質的な価値なのではないか。優良顧客の状況を確認するうちに、私はそう考えるようになりました。

業態が複雑化し、今やほとんどの企業が「一定期間に頻度が高く、高額の利用をする人」というシンプルな要素だけでは優良顧客を定義できません。

当時のＷＯＷＯＷのように、**優良顧客は目立たない、物静かな存在であり、こちらが探そうとしなければなかなか見つからない**ということはよくあります。

あなたの会社でも優良顧客を把握しきれていなかったら、まず顧客ごとの売上に関わる数値から優良顧客を定義し、その人々が何に価値を感じて優良顧客になっているのかを明確にするところから始めることをお勧めします。

優良顧客を定義したら、優良顧客が感じている価値を知る必要があります。

解約者を対象にデプスインタビューを行った時に併せて実施していた長期加入者に対するインタビューの結果にヒントがありました。

長期加入者に対するインタビューでは、どんな動機やきっかけでＷＯＷＯＷに加入したか、一人ひとりにじっくりうかがう形で、加入時の状況を思い出していただきました。

「○○という番組が見たかったから」「映画やスポーツ（サッカー、テニスなど）中継が見たかった」といった直接的な理由はもちろん、「加入すれば好きなエンターテインメントが自宅で見放題だと思った」「大型テレビに買い替えたタイミングで、かねてやりたかった映画やドラマ三昧の生活を始めた」など、ＷＯＷＯＷのエンターテインメントが、優良顧客の嗜好や生活スタイルにフィットしていることがうかがえました。

解約者インタビューの際もそうでしたが、ほとんどの顧客は自分の判断や行動の理由を理論的に詳細に語ってくれるわけではありません。

加入した頃の自分や家族の状態や生活の変化と、当時見たいと思っていた番組などをゆっくりと思い出していただくことで、なぜ多くのテレビ番組が無料で見られる中で、お金を出しても見たいと思い、加入したのか、そのシーンが明確になっていくのでした。

優良顧客の要素を探る

リコメンドシステムの活用によって、解約を申し出る個別の顧客が「その番組が見られるなら続けたい」と思う番組を案内できるようになりました。また解約で得た知見から、顧客のロイヤルティを醸成するには、人を適切に介在させるコミュニケーションが重要だということが分かりました。

しかし本質的な課題は、**解約に至る前に顧客を優良顧客化させること**です。優良顧客化と適切なコミュニケーションによる解約リテンションを組み合わせることができれば、鉄板のエンゲージメント体制が作れるかもしれません。

そこでデプスインタビューの結果を生かしながら、長期的に加入してくれる加入者を増やすには何をすべきかを、データを再分析して検討しました。

前出の62のグループは、仕分けるポイントを「解約しやすさ」においていましたので、「優良顧客化しやすさ」でも、この分類が活用できました。

優良顧客、つまり長期間加入している世帯の特徴を、以下の7点で分けてみました。

①家族構成
②家族の中でWOWOWを視聴している人の人数、性別、世代
③加入動機番組
④加入したチャネル
⑤加入時に利用したキャンペーン特典

⑥加入後に視聴している番組
⑦プレゼント応募、コールセンターへの問い合わせなどの状況

このポイントで分析すると、加入期間の長さと強く相関するのは、世帯の中で複数の人が視聴している（①→②）と加入動機以外の番組も視聴している（③→⑥）で、「複数の人が見ている」「複数のジャンルを見ている」の2点が大切なポイントでした。

読者の皆さんの会社も、この①～⑦に類するデータはお持ちだと思います。まずはそのデータと、「購入頻度」「購入金額」など御社の優良顧客を規定する要素のデータをクロスしてみることをおすすめします。それだけで、優良顧客分析の入り口に立てるはずです。データ量にもよりますが、このレベルまでは社内でも対応可能ではないでしょうか。

次に、長期加入者データと、

・一人で視聴することが多いか、複数で視聴することが多いか
・一つのジャンルだけを視聴しているか、複数ジャンルを視聴しているか

のデータをかけあわせました。視聴ジャンルに関してはさらに細かく、

・何のジャンルか

・加入動機ジャンルだけでなく別のジャンルも視聴するようになった場合、最初の加入動機は何で、その後に視聴するようになったジャンルは何か（例、スポーツから映画、映画からドラマ）

をクロスして分析しました。その結果、「視聴人数（一世帯内）×視聴ジャンルの組み合わせ」と長期加入（優良顧客化）の関係が見えるようになりました。

WOWOWは多くのジャンルを放送しているので、ジャンルの組み合わせだけでも多岐にわたりますが、そこに1人視聴か複数視聴かを加えると、優良顧客になる人が多くのジャンルや番組の中で何を評価し、どんな状況でそれに接触しているのかが見えてきました。

●優良顧客になりやすい状態に誘導する

加入長期化と相関の高い視聴人数×視聴ジャンルを整理すると、優良顧客化しやすい視聴ジャンルの組み合わせがわかりました。

たとえば、息子さんがスポーツを視聴するのが加入の動機だったとしても、その後にご両親が映画を楽しむようになったとすると「複数視聴、スポーツ映画」。

映画がたくさん見たいからとお父さんが加入したけれど、テニスで錦織選手が活躍するようになってからは、家族で錦織選手の試合を見て応援しているという場合は「複数視聴、映画スポーツ」です。

優良顧客化しやすい組み合わせ上位の多くは複数視聴、つまり世帯内で複数の人が視聴している場合でした。

反対に、視聴人数が少ない場合は優良顧客化しにくいことがわかり、納得しました。視聴していた子ども世代が独立して世帯内に見る人が不在になったり、見る人数が少なくなったりすると、「あまり見ていない」という理由での解約が発生するのは以前から起きていた現象だからです。

しかし、優良顧客化のための組み合わせの比較的高い順位には「一人視聴、映画」も入っていました。ともかく良い映画を数多く見たい、ＷＯＷＯＷは新作映画を一番早く放送するし、目利きが選んだ優秀作品も放送するからといった理由で加入している方々で、開局以来のお得意様と言うべき顧客層でした。

この分析結果は、優良顧客が何を評価しているのか、評価される「ＷＯＷＯＷらしさ」のポイントは何か、を知るきっかけになりました。

加入した人を優良顧客に育てる

この分析結果をもとに、既存の加入者はもとより、ＷＯＷＯＷに加入した人をできるだけ早い段階で優良顧客化するための施策がスタートしました。

解約が増加する時期を予測した施策は行われており、増加が見込まれる解約理由に合わせた対策、たとえば目当ての番組の終了による解約が増える時期にはその番組の放送前に他の番組を案内したり、録画予約しすぎて番組が見切れなくなる時期の前には、録画せずに出先でタブレットやスマートフォンで視聴する方法を案内したりしていました。

しかしこれらは、どちらかというと対症療法的なものと言えます。

そこで考えた施策は、顧客を優良顧客化しやすい状態に誘導するもので、「優良顧客化のための組み合わせ」に基づき、顧客の加入動機に合わせて、次に見てほしいジャンルを案内するというものでした。

たとえば、サッカーなど比較的若い世代が視聴する番組が加入動機だった場合には、同居している親の世代が映画を視聴し始めると優良顧客化しやすいので、サッカーシーズンが終了する前に、今後放送する映画作品の宣伝写真を掲載した、映画の魅力が一目で感じられるDMを送付する、といった具合です。

こうした施策の積み重ねによって、全体的な優良顧客化がなされていきました。そして、加入期間を長期化させ、総加入件数を増加させて売上を拡大するという流れが作られていったのです。

錦織効果で、10万人以上が加入！

2014年9月、全米オープンテニス決勝戦に錦織圭選手が勝ち進みました。それまでにもグランドスラムの準々決勝に進むことはありましたが、この年の全米オープンでは準決勝でノバク・ジョコビッチ選手に勝って、日本人として初めて4大大会の決勝まで進んだのです。

全米オープンテニスの中継はWOWOWしか放送していませんでしたので、一挙に加入申し込みが集中することになりました。

準決勝進出が決まったころから加入の入電やWEBサイトからの加入が増加し始め、加入受付のコミュニケーターを増やしても対応が間に合わなくなり始めました。そして準決勝に勝つと申し込みは爆発状態に。

コールセンターは回線を増やし、24時間対応にし、WEB申し込み受け付けの容量も拡大しましたが受けきれません。決勝の前日はカスタマーセンターはもちろんのこと、WOWOW本社の各部署の直通電話も加入申し込みで埋まるほどの状況でした。部署を問わず社員皆で一晩中対応に追われた情景は今でも忘れられません。

そして加入の嵐が過ぎると、決勝戦見たさで加入した短期解約予備軍が10万件以上増えていました。

短期解約予備軍をどう引き留めるか

それまでにも、スポーツや音楽の大型単発番組が放送される時には、その番組見たさに放送直前にたくさんの人が加入することがありました。

目当ての番組がはっきりしている人は、その番組を見終わると興味を失い、他の番組を見ずに解約してしまう傾向があります。ですから目当ての番組が放送されるまでに、解約抑止策を実施する必要があります。

放送直前に加入する人には、放送日まで時間がないので、加入申し込みを受けた時点で、その電話で他の番組を案内して解約抑止を行っていました。

しかし全米オープンテニス決勝の直前は、加入申し込みが溢れている状態で、実際コールセンターがパンク状態だと新聞やテレビのニュースに取材されるほどでしたから、一本でも多くの電話を受けて加入手続きをするのが最優先。解約抑止の番組紹介をしている余裕はなく、そのまま決勝戦の放送を迎えてしまったのでした。

決勝戦は、準決勝までと違って短時間で終わりました。錦織選手自身が試合終了後に「自分のテニスができなかった」と語ったように、マリン・チリッチ選手に3対0のセットカウントで負けてしまったのです。

そして直前にバタバタと加入して、ぎりぎり決勝戦に間に合って中継を見た人々は、もともと全米オープンテニスを見る以外のことを考えずに加入していたので、ＷＯＷＯＷの他の番組に関心が向かいにくい状態でした。


この10万件以上の短期解約予備軍の加入者に、どのように解約抑止を行うか。

しかし解約抑止策をスタートさせて以来、短期間にこれほど多くの加入が集中したのは初めてで、これまでの手法だけでは対応できないことが予測されました。

しかも加入目的の番組は放送が終わってしまっているので、月単位で手続きするＷＯＷＯＷの場合、翌月にはこの方々の解約申し込みが始まる可能性があります。「せっかく大勢加入してくれたのに、1ヵ月で通り抜けて行ってしまう。どうしよう……」と社内には焦りが広がりました。

この頃には、特別な番組に新規加入が集中すると、その翌月に解約が増加することを社内の誰もが理解していました。加入の嵐はすごかったけれど、次にすごい解約の嵐も来そうだと皆戦々恐々としていました。

この10万人超の加入者の加入動機が錦織選手の全米オープン中継視聴だったことははっきりしていましたので、それをもとに解約抑止策を組み立てるしかありません。

錦織選手が全米オープンテニス決勝戦に進出する以前は、テニスの視聴を目的に加入する人の多くは、自身も過去にテニスをやっていた、または今もやっているといういわゆる「テニス好き」な人々でしたので、その嗜好に対する解約抑止を行っていました。

しかし決勝戦見たさで加入した人々の多くは、テニスが好きというより、日本人初の4大トーナメント決勝戦進出というニュースの瞬間を生で応援したいと思う「頑張れ日本!」的な人や話題性のあるものに惹かれる、ある意味流行りもの好きな人々であることが予想されました。

かつて失敗した「サンクスコール」が成功

そこでまず、第3章でもご紹介したサンクスコールを「錦織加入」の一部の方々に実施したのです。失敗の経験を経てやり方のツボが分かってから、サンクスコールは有効な武器となりました。

「ご加入ありがとうございました。その後の視聴にお困りごとはございませんか？」というかたちで、感謝の意を伝えながら、ＷＯＷＯＷの他の番組の案内をし、その方々のエンターテインメントの嗜好や生活スタイルを聞き出したのです。

その結果、「頑張れ日本！」的な「話題性のあるものに惹かれる」人々だろうという予想ははずれていないと思われました。

そこで、この方々への解約抑止方法として、その後の放送予定番組の中から、特にそのジャンルに興味がなくても知っている、聞いたことがあると思われるものや、海外で活躍する日本人監督や俳優、アーチストの番組を案内しました。

また当時テレビ番組を、スマホやタブレットなどのデジタルデバイスを使って好きな場所で視聴するのは新鮮だったので、ＷＯＷＯＷオンデマンドサービスなども併せて案内しました。

メール、ＤＭ、電話（サンクスコール）などのかたちで、できるだけ多くの方に、翌月の解約申し込みが始まる前に、解約抑止策を実施しました。

その結果、**決勝戦放送の半年後にも、決勝戦目当ての加入者の半分以上がＷＯＷＯＷの視聴を続けていました。**過去の価格施策による加入者の短期解約では考えられない解約率の低さでした。

顧客の事前期待を知り、サービスを向上させる

解約抑止策を始めて5年以上経過すると、知見が蓄積し、大型コンテンツの放送後に解約が発生しても、解約を爆発的に増加させずにある程度コントロールできるようになっていました。

錦織選手が全米オープンテニスの決勝戦に進出する際の新規加入の集中は、今でもWOWOWの歴史に残る「最大瞬間風速」でしたが、前述のような解約抑止策の実施によって、その後の短期解約数が最大にならなかったことは、大変大きな自信になりました。

この頃には、特定の番組を目的に加入した顧客だけでなく、どのようなきっかけで加入した顧客にも共通するポイントが見えてきました。

大切なのは、加入時に顧客が何を期待しているかを知ること。WOWOWで言えば加入

動機を知ることですが、単純に加入目的番組やジャンルを知るだけでなく、それ以外に見たい番組や興味のあるジャンル、利用したいサービス（デジタルデバイスで番組を視聴するオンデマンドサービスなど）について聞けば、的確な利用案内につながります。

また、最初の電話で詳しく聞かせてくれる顧客は多くはありませんが、なぜその番組やジャンルが好きなのかといった「気持ち」を聞いて62の顧客グループのデータに加えれば、リコメンドシステムの精度も上がり、番組編成にも反映させられるものになります。

サービスの利用開始や、商品の購入の最初の場面では、顧客はまだ利用していないだけに、企業側の考えや事情に影響されない「期待」を持っています。それが顧客の思い込みや誤解を含むものであったとしても、外部から見て、その企業から得られそうと感じられる価値であることは確かで、それに応えられれば事前の期待が裏切られず顧客満足度が上げられるます。

その後の顧客の気持ちを予測する

ＷＯＷＯＷでは、加入時の顧客の事前期待がカスタマーセンターに蓄積されるにつれ、その後の顧客の行動パターンが予測できるようになってきました。

つまり、期待別に、加入後どれぐらい時間がたつとどのような状態（気持ち）になり、どのような要望を持つ可能性があるか、想定できるようになったのです。

顧客の最初の興味から、次に顧客が持つ要望を予測しそれに対する施策を実施する。その施策が当たったか、当たらなかったかを検証し、データ分析と施策のレベルを上げる。解約の可能性を低くするだけでなく、カスタマージャーニーのＱＯＬ（クオリティ・オブ・ライフ）を上げて優良顧客化につなげることができるようになるのです。

これを続けていくにつれて、カスタマージャーニー上の各ポイントでコミュニケーションの精度も上がり、一連の施策がパッケージとして精度の高いものになります。

ＷＯＷＯＷカスタマーセンターではその後、錦織選手の全米オープン決勝戦のように、加入時に顧客が最初に持っている期待が把握できなかった場合は、サンクスコールを行っています。

まずは加入してもらい、その後のサンクスコールで目当ての番組以外の期待や好みを聞き、本来加入時に行う予定だったコミュニケーションを行なって、事前期待を把握します。その結果リテンション開始当初の、顧客情報が不足していた頃に比べると、コミュニケーターも自信をもって話ができるようになり、解約リテンション率はさらに向上しました。

また、加入の入口から解約まで、カスタマージャーニーの全体状況が見えるようになり、62のグループの分類が精緻化され、番組編成に顧客の期待が活かされやすくなりました。

優良顧客を戦略的に増やす仕組みは簡単には作れません。しかしＷＯＷＯＷがカスタマーセンターを活用して行ったように、それぞれの企業が既存顧客の中の優良顧客を把握し、その人々の期待に応えて優良顧客を増やす流れを作ることが、マーケットが拡大しない中で筋肉質の経営を行うためには必須だと私は考えています。

加入前から優良顧客に目星を付ける

優良顧客を増やすためには、優良顧客になりやすい人の加入を戦略的に増やす必要があります。新規加入の獲得と優良顧客の増加の両方に責任を負うマーケティング局長になり、私は「優良顧客予備軍」に最初からアプローチしたいと考えました。

それまでは「解約しない人を優先的に加入に誘導する方法はないか」という質問を受けると「そんな都合の良い方法はありません」と答えていましたが、優良顧客の特性の深掘りが進み、ＷＥＢから加入する顧客の割合が高まるにつれて**「優良顧客化しやすい未加入者にアプローチする方法」が少しずつ見えてきた**からです。

それは、デジタルチャネル、つまりＷＥＢから入ってきた人のログを利用するもので、新規加入の約半数がＷＥＢからという状況になって有効な分析が得られるようになりました。顧客の加入前後の足取りと優良顧客の深掘りから得る知見は、マーケティングを進化させるのに非常に役立ちました。

ネット上での行動から、優良顧客予備軍を把握する

具体的に行ったのは、**特定の顧客層と類似した消費傾向や行動様式をとっている消費者に対してネット上でアプローチする手法です。**

特定の顧客層を抽出し、その人と類似した消費傾向や行動特性を持った消費者に対して

アプローチする手法は、急速に進化するデジタルアドの世界では、今やほぼ常識となっています。

私がマーケティング局長になった頃には、まだその手法自体は完成していない段階でしたが、ある大手ポータルサイトと組んで実験的に実施しました。つまり、WOWOWの優良顧客とネット上での行動パターンが似ている人にアプローチしたのです。

トライアルだったので手法自体の課題もあり、最初から完璧な実績は得られなかったものの、優良顧客に似た特性を持ち、まだ接触が図れていない顧客予備軍を見つけ出す方法に出会ったことは有益でした。

また同じ時期に、自社サイトの訪問データから、加入した人の加入前の外部サイトでの行動パターンを把握して宣伝投資の最適化を図る手法を知りました。

たとえばWOWOWに加入した人が、加入前にはどんなサイトを見ていてWOWOWに加入したかなど、WEB上での行動履歴を詳細に把握することができる手法です。

過去の履歴についても3ヵ月くらい前まで遡って、たとえばWOWOWのサイトに過去何回か訪問していたが、加入したのは3回目の訪問だった、というようなことがわかります。

これを自社の優良顧客のデータと結びつけることによって、未加入の優良顧客予備軍への優先的なアプローチが可能になることがわかってきていました。

これらの手法は、その後各デジタルメディアや広告会社が、さらにさまざまなサービスを開発し世に送り出しています。

また、自社のデータを統合管理するプライベートなＤＭＰ（Data Management Platform）と、外部の会社が持つ大型のパブリックＤＭＰを結び付けて最適な広告配信につなげる手法も、その後大きく進化しています。

すべてはデジタル化が人の足取り（ログ）を追える仕組みを実現したことから始まったものですが、最近は同様の考え方でアナログの手法も併用されています。

まずデジタルでアプローチをし、反応があった人とはそのままデジタルでコミュニケーションし、反応がなかった人、つまりデジタルに親和性がないと思われる人にはＤＭやコールセンターからのアプローチに切り替えるというものです。

その裏側では、デジタル、アナログ両方の手法に対する顧客の反応をデータ化し、ＤＭＰに統合して分析が行われています。

デジタルがもたらしたこれらのマーケティング手法は、今では多くの企業で活用されています。いろいろなデータが取れるようになり、それは企業側からターゲットを絞って発信できるようになっているということを示します。そうした時代だからこそ、活用目的を明確に認識して顧客データを整備していくことが大切になっているのです。

●優良顧客の割合が高まることによって、経営が筋肉質化

デジタルマーケティングは手法の開発スピードが早く、できることが次々と増えていくので、私はとても刺激を受けました。しかしＷＯＷＯＷにとって重要なのは、これらの手法を活用して、自社の優良顧客の割合を増やすこと。優良顧客化しやすい特性を持つ新規顧客を獲得するために、デジタルマーケティングのトライアンドエラーを重ねました。

ＷＯＷＯＷの解約率はその後も安定的に推移し、新規加入数が大きな伸びを示さなくても、伸びの割合以上に解約が抑えられているから純増するというパターンになりました。

累計加入世帯数は、解約が増加して解約防止部ができる直前の２００５年度末を底に、

10年以上連続で増加しています。

「大量加入、大量解約」時代には「2階が1階を押しつぶす」かたちで、大量の短期加入者がロイヤルティの高い優良顧客の存在を脅かすのではないかと心配していました。

しかし解約を減らし、解約しにくい優良顧客層を明確につかんでその割合を高めたことによって、経営が以前に比べて筋肉質化しています。**マーケティングを導入し、顧客の動きに学ぶ姿勢を持ったことが、総加入件数を増加させ「WOWOWのひとり勝ち」などと周囲から言われる状況に導いた**と私は考えます。

マーケティングがないと企業は「負け」を回避できないと私は考えます。経済の成長期には、社会全体が上向きで購買意欲に溢れていたので、顧客データを分析したり広告投資の最適化に注力しないでも、良い物を真面目に売っていれば売上が大幅に下がったりはしませんでした。

ところが成熟期に入ると、人口が減少し全体のパイが小さくなる一方で、グローバル化が進み、ダイバーシティや働き方改革が進行し、価値観が多様化するなどの変化についていかなければならなくなりました。国内では不幸な天災もありました。

加入世帯数の増加も減少も、その背景には複合的な要素が絡むようになり、それらをしっかりと把握し分析していかないと、成功は再現されず失敗は繰り返される可能性が出てきました。有料放送だけでなく、どの企業にもマーケティングが必要だと私が考えるのは、そうした所以《ゆえん》です。

しかし、マーケティングで「負け」を回避したとしても、マーケティングだけでは「勝ち」続けることはできないと私は感じます。売上を大きく伸ばすということには、データ分析を越えるものが必要だと思うのです。

戦争型から恋愛型へ

ここで、ＷＯＷＯＷが開局以来、顧客との関わりをどのようにとらえてきたかを振り返ってみましょう。

顧客を大切にするという姿勢は、広告放送とは違う形で開局時からＷＯＷＯＷに存在していました。

私は広告収入主体のテレビ局に勤めていた時に、番組を見る人を「視聴者」と呼んでいました。ところが転職したＷＯＷＯＷでは視聴者を「お客様」と呼ぶことを知り、新鮮な感動を覚えました。

それまでの会社では、お客様と呼ぶのは番組のスポンサー企業のことで、テレビを見る個人は視聴率を構成する視聴者でした。一方、ＷＯＷＯＷでは視聴者がスポンサーであり、個別の番組がどれだけ見られているかは視聴率と言わずに「利用率」と呼んで、「お客様に番組を利用いただく」という考え方をとっていました。

お客様の要望に応え、喜んでいただくことを積極的に行う風土もありました。特に開局からの数年間は、まだ加入世帯数が少なく、バブル期だったこともあり、私はそのころはまだ入社していませんでしたが、豪華な顧客サービスもあったようです。アメリカのディズニーランドを貸し切りにし、チャーターしたジェット機で希望するお客様をお連れした、などという話を当時からいる社員から聞いたことがあります。

そこまで豪華な顧客サービスはその後聞きませんが、ＷＯＷＯＷが主催、放送するイベントへのご招待やチケット先行予約、他では手に入らない番組関連グッズのプレゼントなどが現在も行われ、当選者には非常に喜ばれています。ＷＯＷＯＷの既加入者対策とは、長らく顧客サービスのことでした。

他方、開局時から新規加入獲得は、テレビや新聞などのマス媒体を使った宣伝活動でブランド名や番組名を告知して認知を高め、代理店の店頭では価格施策で加入に誘導する、という流れでした。

このような、宣伝活動で認知を高め市場内のポジショニングを確立して価格施策で購入に誘導し、その後は顧客サービスで関係性を維持するというスタイルは、競合他社に勝って市場でのシェアを拡大すれば顧客数が拡大する時代には有効でした。

１９９１年にＷＯＷＯＷが開局して以来、有料放送市場は、ＷＯＷＯＷ１局しかなかった時期から、ＣＳサービスの群雄割拠の時期があり、それらが現在のスカパー！に統合され、と変化してきましたが、最初の10年間ほどは基本的には市場でのシェアを拡大することが最大の関心事でした。

競争が複雑化し、個々の顧客との関係がより重要に

しかし２０００年代後半に人口減少時代が到来。有料放送契約世帯総数（全有料放送事業者の加入世帯数合計）は２００８年時点で延べ２０００万世帯を超えました。日本の有料放送人口はすでに飽和しているのではないか、と言われるようになり、加入世帯の飛躍的な増加戦略は現実的ではなくなりました。

また、競合各社との関係も、単純な競合ではなくなり、複雑化してきました。

加入世帯数の中には、直接契約だけでなくスカパー！等競合サービスを通してＷＯＷＯＷを利用する人も増えてきました。競合他社に対する相対的な競争に躍起になることは、加入を増やす最善の方法ではなくなりました。どのルートから加入しても、ＷＯＷＯＷ加入者だからです。

こうなると、加入したルートにかかわらず、個々の加入者と自社との関係性をより深く構築し「顧客のマインドシェア」を獲得することが、市場内のシェア拡大に勝る目標ということになります。

つまり、戦地での陣取り合戦をしていた過去のスタイル（戦争型）から、相手に好きになってもらって支持してもらう（恋愛型）マーケティングへの変更が求められているということです。

顧客に自社を「好きになってもらう」ために、消費者インサイトを探り、より深く理解するという意味で恋愛型マーケティングの重要性が語られるようになり、この考え方をもとにした消費者分析ツールも市場に登場しています。

ＷＯＷＯＷに目を転じると、過去の加入獲得、顧客維持の手法は、市場のシェア拡大を目指していた旧来型の考え方が背景にあったと感じられます。競争の原理が戦争型から恋愛型へと変化していく中で、顧客にしっかり向き合い、顧客データを充実させ、優良顧客化の手立てをつかむことが大事な時代が来ていました。

人とシステムの機能分離

オペレーターが豊富な番組知識を持っていなくても、リコメンドシステムを活用すれば、顧客の気持ちをとらえ解約リテンションを成功させられる可能性が高まることは、前章の20代のオペレーターが『赤穂浪士』で加入した60代顧客のリテンションを『ロッキーシリーズ一挙放送』の案内で成功させた例が示していました。

当然のことながら、人間の記憶や処理能力には限界があり、コンピューターは人間が及びもつかない情報量を正確に処理することができます。ＷＯＷＯＷの多数の番組の中から、２８０万を超える加入者それぞれの琴線に触れる番組を探し出すのは、いかにスーパーコミュニケーターとはいっても無理です。

そこでＷＯＷＯＷではスーパーコミュニケーターたちの頭の中のデータをシステムに移し替え、さらにリテンションの成功パターンと突き合わせて仕組みを作ったわけです。スーパーコミュニケーターのセンスで見つけ出した、人の気持ちと番組を繋げるポイントを、コンピューター上に蓄積したものと言えます。

それまでにも世の中にはリコメンドシステムの成功例はいくつかありました。

最も身近なのは、アマゾンや楽天で商品を購入する際に表示される「この商品を購入した人は、この商品も購入して（検索して）います」という案内です。あのシステムは、協調フィルタリングというアルゴリズムを使い、ユーザーの行動履歴から嗜好に合わせた商品を分析して提案するものです。

定額制動画配信のＮｅｔｆｌｉｘは、強力なリコメンドエンジンによって、同業界の世界最大手に成長したと言われています。

約５万本の作品の監督、出演者、ストーリー展開から主人公の社会的受容性まで、考えられる限りのデータを取得。特筆すべきことに、ロマンス映画であればロマンスレベルを５段階に分けるなどグレード付けも行っています。その結果、なんと作品分類は７万６８９７通り。

またユーザーの行動履歴も徹底して分析対象にし、検索履歴や視聴時間はもとより、ビデオの再生パターン（一時停止、中断、巻き戻し等）まで把握しています。その結果、Ｎｅｔｆｌｉｘでの番組視聴の75％がこのリコメンドエンジンから推奨された結果であると言われています。

ユーザーが検索しなくても自分が見たい番組が案内されるこの仕組みによって、Ｎｅｔｆｌｉｘは利用を増加させ、解約を減少させました。Ｎｅｔｆｌｉｘのバイスプレジデント、テッド・イエリン氏は「これからは、人が検索する前に相手のニーズを汲み取って、先回りしてリコメンドする時代」と言っています。


これらのＷＥＢ上のリコメンドシステムが成功したのは、そもそもサービスがＷＥＢ上で完結するものだったからだという見方もあります。ＷＥＢを介さないリアルなサービスでは、データ取得から始めなければなりませんが、ＷＥＢ上のサービスは顧客の利用状況が自動的にデータ化されて蓄積されますし、ＷＥＢ上でリコメンドされることに顧客が違和感を覚えることもありません。

一方、すべてをＷＥＢ上で完結するシステムは日本人にフィットしにくいという意見もあります。

日本の多くの企業は、アナログ時代の発想でスタートしたサービスを、時代の変化に伴って一部デジタルに置き換えたという状況にあります。デジタル化が進んでいるとはいえ、人間がまったく介在せずに成功している例は多くありません。

アナログ時代から続いているサービスでは、過去のデータは無いか、あってもそのままでは利用可能な状態にありませんし、アナログ媒体やチャネルを通して購入や利用を決定した顧客にWEB上でのリコメンドは馴染みにくい場合が多いようです。

Netflixと同じ定額制動画配信事業を行うHuluやdTVでさえ、WEB上で完結するサービスにもかかわらず、日本国内で展開する場合は「WEB上で視聴するサービスであっても人に勧められているような錯覚を覚えるリコメンドがふさわしい」（Huluの運営会社HJホールディングス社長　船越雅史氏）と言っています。

WOWOWの番組リコメンドでは、顧客からのヒアリングや、キーワードのシステムへの入力はオペレーターが行い、コンピューターが分析した結果にオペレーターの配慮を加えて顧客に伝えています。

正確性や迅速性が必要な作業はシステムで処理し、共感性や柔軟性を必要とする業務をオペレーターが行うことによって、データ処理時間を圧縮し、WEB上のリコメンドが顧客に与える違和感を排除しています。人とシステムをうまく共存させているのです。

日本の多くの企業には、全工程をデジタル化したリコメンドではなく、ＷＯＷＯＷのようなやり方がフィットすると私は思います。

結局大切なのは人とシステムの適切な機能分離であり、成功のポイントは、顧客の状況の変化に合わせて両者をうまく組み合わせることにあるのだと思われます。

「ＡＩの開発により今後10～20年のうちに人間が行う仕事の多くがコンピューターに代わられる」

２０１４年にオックスフォード大学のマイケル・オズボーン准教授が行ったこの発表は人々を驚かせました。特にコールセンターのオペレーターは、コンピューターに置き換えられる仕事の上位に入っています。

すでに現在でも世の中のカスタマーサービスの窓口の多くはシステム化されています。電話をかけた人が入力した数字や声をＩＶＲ（Interactive Voice Response：自動音声応答装置）が認識し、目的にあった窓口に電話を転送しています。ＷＯＷＯＷのコールセンターも、フリーダイヤルの最初の応対にはＩＶＲを使用しています。

今後は自動言語処理技術がさらに進歩し、多くのコールセンターで「機械のオペレーター」が対応する時代になるのかもしれません。

しかしWOWOWで、リコメンドシステムを使ってオペレーターが行っているような人間味を加味した対応は、AIを使った自動言語処理技術がいくら進歩しても、システムに置き換えることはできないと私は考えています。

システムがどんなに人間に近い表現をしても、人との会話によって人が得る満足はシステムとのやりとりでは得られません。人からしか伝わらない気持ちは人で、人にはできない作業はシステムで、が適切な機能分離だと私は考えます。

リテンションマーケティングの大事なポイントはやはり「気持ち」にあります。優良顧客をよく見て、その気持ちをつかむ努力をすることが、大小問わずこれからの企業には求められるのではないでしょうか。

「お試し」や「無料体験」はこう使う

ここで改めて、「お試し」や「無料体験」で顧客を誘引する施策について考えてみましょう。ＷＯＷＯＷでは解約増加のトリガーになってしまった「無料施策」ですが、やってはいけないわけではなく、やり方に注意すべきと言えるでしょう。

そもそも継続利用を前提としたサービスで顧客を獲得する場合、最初に「お試し」や「体験期間」はつきものです。しかしそこで、タダにしたり、大幅な値引きをしたりする場合は要注意です。とは言っても、体験してみないと分からないサービスでは、「お試し」や「体験」は、購入や契約のハードルを下げるために重要です。

ＷＯＷＯＷも、地上波の無料放送のテレビとは違い、加入しないと番組が見られない、つまり体験しないと分からないサービスです。

無料放送番組や「無料放送の日」など、加入していなくても視聴できるノンスクランブルの時間帯もありますが、目玉番組はスクランブルがかかり、加入していないと見られません。体験して加入を決めるのが顧客にとっても合理的なサービスですが、「お試し」や「体験」を過剰に活用したため解約を増やしてしまいました。

では「お試し」や「体験」を上手に使って安定的な売上につなげるには、どうすればよいのでしょうか。

●体験してみないとわからないサービスには効果的

これらの施策を実施する時に忘れてはいけないのは、商品やサービスの価値を感じてもらった上で本契約（購入）につながる動線を確保すること。

無料や格安で「あげる」のではなく、「価値を認めていただいて長くご愛顧いただきたいから、初めての方に、限られた期間だけお試しいただく機会を作る」という趣旨を理解して利用してもらうことが大切です。

そうでないと「無料」や「半額」で顧客を釣ろうとする営業姿勢そのものが、提供する価値を下げるメッセージになってしまうからです。

継続利用が前提で、体験してみないと分からないサービスとして最近特に目を引くのが、チェーンのエステサロンです。ここ数年間で大きく市場を拡大し、広告宣伝も、有名タレントを起用したスマートな印象のテレビCMが増え、一般社会の認知や好感度もあがっています。

そうした中、最近大手エステチェーンの経営破綻がささやかれネット上で炎上しました。

実際は経営危機に陥ったものの破綻に至らず、任意整理で他社に経営を譲渡し、顧客は変わらないサービスを受けられる結果になりましたが、利用者の間では「○回のサービスうち、まだ○回しか受けてない！　施術が途中まででは困る！」「私が払った料金は返ってくるのか」と一時大騒ぎになりました。

このエステチェーンが破綻を噂される事態になった原因が、無料や割引期間の設定のまずさでした。

このチェーンでは、まず無料告知で店に顧客を誘導し一定回数のエステを実施します。ここまでで通常の場合1ヵ月以上経過します。

その後も継続してもらうために、最初と同じ回数をさらに割引で実施。これが終わると約3ヵ月が経過しています。

その後に本契約にしようとしたわけですが、無料や割引期間が長すぎ、格安に慣れた顧客を本契約に転換させられず、一方で広告宣伝費や割引にあてた販促費が膨らんで、運転資金のショートが伝えられたのでした。

エステだけではありません。化粧品や健康食品の通信販売、男性向けのAGA治療を行うクリニックなどで、同様の事例があります。

うまくいっている企業と、そうでない企業を分けるポイントは、

「無料や割引の期間設定」（いつ無料や割引から本契約に移行するか）
「本契約への引き上げ力（エステやクリニックではカウンセリングと呼んでいます）」
「プロモーションからの一貫したメッセージ」

にあると言われています。

適切な「期間」は、2ヵ月以内。それ以上だと、顧客は本価格に移行すると料金が上がるのでサービスダウンを感じます。「引き上げ力」は非常に重要で、エステやクリニックではカウンセラー、または医師（美容外科など）が、通販ではWEBメールやコールセンターのオペレーターがこれを行います。

原価が見えにくいサービスでは、安全性や質が担保されること、正直で信頼できると感じさせる引き上げが行われないと、本契約につながりません。

「一貫したメッセージ」は、そのサービスを利用したことで顧客の人生がどう変わるか

イメージさせることの大切さを示しています。顧客がその先の人生に前向きになるきっかけを感じると、契約が長期化し、原価が安い場合は利益率が大きくなります。そして経営者の仕事は、この３つの要素と原価、売値を検討し、正しいスキームをつくることです。

この３つの要素、一見エステや通販業界のテクニックのように見えるかもしれませんが、じつは顧客にサービスの価値を正しく伝え、優良顧客になってもらうために、どんなサービスや業界にも通じるポイントです。

Colum

優良顧客をみつければ会社の体質も変わる

業態を問わず日本のBtoC企業すべてが、自社の優良顧客像を明確にし、優良顧客の割合を高めて経営を安定化させる時代がきていると私は考えます。

WOWOWのような会員制ビジネスではないから、顧客のデータがとりにくく、優良顧客マーケティングが難しいと考える会社もあるかもしれません。しかしいわゆる会員制ビジネス以外にも、優良顧客像を明確にし、優良顧客を増加させる施策を実践して成功を収めている企業があります。2つの成功例をご紹介しましょう。

❖80〜90％が常連客のカフェチェーン

まず紹介したいのが、愛知県に本社を置く全国規模のカフェチェーン。

どこかホッとする雰囲気で人気のこのカフェは、店舗数では業界第3位（2018年現在）。1位、2位がともにセルフサービス型（顧客がレジ前で商品を購入し帰りに食器を戻す）であるのに対し、注文を店の人が取りに来る喫茶店形式であることを考えると、フルサービス型カフェのトップチェーンといえるでしょう。

毎年店舗数と売上を伸ばし、営業利益率25％前後という高水準で成長を続けています。

カフェの店舗は一般的に「繁華街型」と「郊外型」に分かれますが、このチェーンの店舗の多くは郊外型。大通りではなく1、2本裏の生活道路沿いに店舗と広めの駐車場があります。

顧客の多くは近隣エリアの住人なので、一度場所を覚えてもらえば通ってもらえることから土地代の高い大通りに出店する必要はないのです。

この郊外型店舗で驚くのが常連客の多さ。半分以上が常連客の場合があり、通りすがりの新規が少ない場所で安定的な経営を行う基盤となっています。コーヒーは1杯420円から（店舗によって違う）で他のチェーンと比べて安いわけではなく、パンを中心とした食事やスイーツも特に安くはないのに、なぜ顧客が常連化するのでしょうか。

このチェーンのモットーは「毎日くつろげる」店であること。あらゆるサービスがそれを実現するために検証され、具体化されています。

たとえば座席。柔らかいソファーやスツールが多い他のカフェチェーンに対して、このチェーンでは、列車のように間仕切りされた区画と固めの紅色のソファーが配置してあります。

これは十数年かけて検証した「最も心地よい黄金律」の座席で、座ると他の席と視線がぶつからず、立つと間仕切りの高さに圧迫感がありません。座席幅52㎝は近年の体格向上に合わせて左右幅を調整したもの。個人客のためには隣席との間に自然なかたちで取り外しできる小型の間仕切りもあります。

広い駐車場は運転技術が低くても出入りしやすい。自社工場から届けられるパンや食材を店舗で手間をかけて調理し美味しい状態で提供。新聞や雑誌が自由に読めるので比較的長居する人が多く、提供にやや時間がかかっても満足度は高いなど、生活習慣に入りこんだ「普段使い」の店が顧客に心地よく感じてもらうための配慮に溢れています。

そうです、このカフェの優良顧客は「毎日来てくれる人」なのです。

「顧客の立場で他店より魅力のあるものを一つでも増やす。それを地道に続けるのが私たちの仕事」。この会社の創業者の言葉が、優良顧客が離れない理由を示しています。

❖優良顧客を獲得した「虫歯にさせない歯科クリニック」

次の例は、「患者の60%を優良顧客にした」都心の歯科クリニックです。

このクリニックはもともと丁寧な治療に定評があったものの患者数は横ばいでした。ところが、経営者の交代後、3年間で患者数が倍になりました。

成功の背景には「健康な歯が人生にどれだけプラスかを、通院初日から説明する」という他のクリニックは行わない「患者教育」がありました。

経営者（歯科医）は患者の症状や通院回数のデータを検証し、治療が終了していないのに痛みが治まると来院しなくなる患者の多さと、その後再度痛みがでると口コミでクリニックの悪い評判が広がることに気づきました。

そこで治療終了まで通院することと、その後の予防医療の大切さについて、徹底した患者教育を行うことに注力したのです。

「歯が健康でないと人生にどのようなマイナスがあるか」

「検診による虫歯予防によって、生涯の治療費はどれぐらい減らせるか」

をデータに基づいて具体的に説明する「患者教育」は非常に説得力があり、初診で来院した患者の約60％が、その後の定期的な予防検診を継続的に受けるようになりました。

また「医療は医師だけが行うものではない」という考え方で、受け付けのスタッフや歯科技工士も、待ち時間に食生活や口の中を清潔に保つ方法について患者とコミュニケーションを図り、満足度を上げた結果、「虫歯にさせない歯科クリニック」の評判が生まれました。

国内の歯科医師登録は約10万件（2018年現在）、コンビニ店舗数の約2倍の歯科医が存在します。過当競争の中、医療器材費やスタッフの人件費が回収できていない医院は珍しくありません。また歯科の広告には強い規制があるため、患者を集めるには評判を上げるしかありません。

このクリニックは、患者を良い意味で「顧客」ととらえ、予防の重要性を顧客の人生の価値に置き換えて伝え、定期検診を継続的に受ける「優良顧客」を得ました。

検診費という定期的な収入を得ることに成功しただけでなく、優良顧客による他の顧客（患者）の紹介というルートも獲得し、安定した経営を行っています。

このクリニックの経営者は、次のように語っています。

「歯科医の供給が過剰な中、虫歯の治療ができるだけでは同業者との競争に勝てず、社会に十分貢献できているとも言えない。歯科医を訪れることで得られる最大の価値は何かを考え、伝えたことが、優良顧客を得られた要因です」

医療者の中には「治療以外のリテンション的な行為は医者の仕事ではない」という考え方もありますが、「患者の人生を向上させることに歯科医の立場でコミットする」ことは、歯科医の本来の存在意義でもあります。

自社が提供できる価値を説明することによって「普通の患者を優良顧客にした」このクリニックの経営は、優良顧客マーケティングの良い例といえます。

この2つの例やWOWOWの事例からも分かる通り、**優良顧客の存在を明確にするには、自分たちが提供できる価値を明確に示すことが**必要です。

その価値を評価し利用し続けるのが優良顧客です。優良顧客像が把握できたら、自社の提供価値と優良顧客の生活の関係を検証し、顧客の人生をより豊かで心地よいものにするための改良を重ねます。

一方、検証によって把握した優良顧客の特性と同じ特性を持つ、まだ顧客になっていない人を市場から自社に優先的に誘引し顧客にします。

この循環が、優良顧客マーケティングだと私は考えています。

最終章

会社を成長させるには、顧客を深く理解する

マーケティングをきちんと行うと、顧客が理解できる！

「モノが売れなくなった、人が集まらなくなった」という困惑が日本のどの業界にもあります。

しかし「困った」と言いながら「良いモノを作れば売れた」成長期のやり方をそのまま続けている企業も少なくありません。

ＷＯＷＯＷが解約抑止の目的で解約防止部を作り、成長期のやり方から脱皮し始めたのは、解約の急激な増加で4年連続で総加入件数を減らし、抜き差しならない状況を目の前にした時でした。ＷＯＷＯＷもそれまでは、成長期のやり方を変えずになんとかしようともがいていたのです。

その年に総加入件数の減少が底をうち、その後10年以上の純増を作りだした最大の要素は、自社の優良顧客を把握し、顧客の嗜好や生活スタイルに添った価値を提供するマーケティングにシフトしたことだと私は思います。

顧客をマーケティングで深く理解し、顧客に提供すべき価値を認識することが、成熟期に企業が成長していくための基本です。

顧客を増やし自社の経営を安定化させようとする企業がまず手を付けるべきことは、顧客データの取得と活用です。ＷＯＷＯＷも１９９１年の開局当時から顧客のデータを持っていましたが、データの取りかたと持ち方に課題がありました。

そこで新規加入者のデータ取得方法を改善。自社サイトに会員組織を作って既存顧客のデータを補填しながら、「使える」顧客データの蓄積に努めました。また解約リテンション等を通して、顧客の動きと商品（番組）の関係のデータ分析を行い、それらは自社ＤＭＰの構築へとつながりました。

私はＷＯＷＯＷ退職後に複数の企業のコンサルティングをさせていただきましたが、自社の顧客に関する正確なデータを持ち、分析することの重要性を理解していただけない場合には、顧客を増やし成長戦略を描くのは困難だと感じました。

また顧客の変化に対応して変革のスピードを上げるためには、ＩＴ部門の役割が重要で、それが自社の差別化につながります。

システム構築には時間とお金がかかるのでどの企業も苦労していますが、ＷＯＷＯＷのマーケティングへの戦略シフトもＩＴ部門の支えなしにはできませんでした。ＩＴ部門の力で顧客データを的確に収集し、顧客のインサイトを探るマーケティング部門の力が機能して、やっと顧客分析ができるようになるのです。

どの業界でも、今後はマーケティング部門とＩＴ部門の横串が重要になります。ＩＴ部門とマーケティング部門の担当者が手を携えて、商品やサービスの価値を顧客の価値に変換し営業にフィードバックすることが企業の競争力を決める時代がきています。

そして、日本経済が成熟期を迎えた今、**企業にとって本当に重要なのは、自社の経営を長期的に支えてくれる優良顧客を明確に認識すること**です。

コンサルティングをさせていただいた企業の中に「御社の優良顧客はどういう方ですか？」という質問に明確な回答がない会社が多いことに驚きました。優良顧客の定義づけには、企業としての統一した認識が必要です。

その上で認識した優良顧客を深掘りします。属性は当然のことながら、嗜好や生活スタイルを把握するのがポイントです。その先に見えてくる、優良顧客が御社の商品を選ぶ理由が、他社にはない御社の価値です。

ＷＯＷＯＷでは解約理由分析やリコメンドシステムの運用が基盤になり、顧客データ分析によって、優良顧客化に関与する環境や要素が見えてきました。

そして顧客のタイプや優良の度合いによって適切な対応を考えます。ＷＯＷＯＷでは顧客を62のグループに分けたことが、それぞれに対するコミュニケーションを考える際の基礎情報になりました。

一様ではない顧客の性質ごとに、相手が心地よく付き合い続けてくれるコミュニケーションを図っていくことが大切です。

成熟期でも会社が成長するためにやるべき5つのこと

私はＷＯＷＯＷとその後の数社のコンサルティングの経験から、**マーケティング課題の解決には組織改革が必須だと感じています。**

組織改革は、会社の目的に対する社員の理解を得、意識を変える最も効果的なメッセージです。そして社員の意識が変わらない限り、顧客への価値の提供にばらつきが生まれ、優良顧客に選び続けてもらえません。また、縦割り組織の多い日本企業では組織の横串をさすことが非常に重要です。

成長期のように作れば売れる時代には、複雑な価値観への対応が求められなかったので、各組織はそれぞれの役割に応じて部分最適を図っていくことが効率的で全体最適にもつながっていました。

しかし経済が成熟期に入ると、共通したマーケティングに沿って各部門が動かないと、同じことをいくつかの部門でだぶって実施したり、部門同士で相殺しあう動きが発生したりしがちです。

WOWOWのように、共通のマーケティングを必要としているのにもかかわらず、部門同士がつながるのにきっかけが必要だった例もあります。それらは、人間関係の悪さで発生している問題ではなく、多くは従来の組織のあり方、組織内のコミュニケーションのあり方が染みついていることによるものです。

成長期に成功を収めた組織体系を、現在も維持している企業には、意識して「横串を刺す」ことが本当に大切だと思います。

成熟化が進んだ市場の中にも持続して競争優位を保っている企業もあります。顧客の優良化や事業成長につながる要因を真摯に分析し、マーケティングと組織を変化させて周到に継続性を担保しています。現在のＷＯＷＯＷはその代表でしょう。

私が見る、それらの企業の「勝利の５つのポイント」は、次の通りです。

1 判断基準を顧客中心にする。
顧客の動きから自社の価値を学び、商品企画や営業戦略に生かすスタイルへ

2 自社データを充実させる。
良い顧客体験を創り出せるデータは、結局のところ自社データです

3 優良顧客を明確化する。
自社を本当に支えている顧客との関係を育てることが効率化の最たるもの

④ 組織に横串をさす。

縦割り組織に、共通のマーケティングで横串をさせた企業は成功します

⑤ 優良顧客の割合を高めて筋肉質な経営を目指す。

市場が拡大しないなら、優良顧客の割合を高めることで自社の成長を担保する

社会の成熟化を受け入れ、企業が優良顧客とともに筋肉質化した経営を行うことは新しい「継続的な成長」のスタイルではないでしょうか。日本経済の低成長は、必ずしも企業の停滞を意味しないと私は考えています。

あとがき

顧客が増えない、商品が売れない、と困っている皆さんに、私がこの本でお伝えしたかったのは「既存のお客様をしっかり見よう」ということです。

ここでいう「見よう」というのは、お客様の面倒を見ることとは意味が違います。属性はもちろんのこと、なぜ自社の商品やサービスを購入したのか、どういう状態で利用していて、なぜ続けて（リピートして）くれているのか、をデータ化して蓄積し、継続してその変化をみるということです。

これがリテンションマーケティングの基本です。これを続けていくと、あなたの会社を支えてくれている優良顧客が見えてくるからです。

ＷＯＷＯＷは、市場環境が変化し、個々の顧客とのコミュニケーションにスイッチしなければいけない時期に、最終ユーザーである顧客をしっかり見ずに、それまでの流通を動かして顧客数を伸ばした時代の割引方法を続けた結果、解約の増加に苦しみました。

顧客が求めている本質的な価値は、割引ではありません。

優良顧客が求めているものと自社が提供する価値をマッチさせる努力を重ねれば、割引をしなくても顧客がついてきてくれるようになります。

お客様をしっかり見て、お客様が求めているものを自社の価値に据える。それを実施するために、どういう人が自社の何を評価して優良顧客になったのかを知り、商品企画やプロモーションに生かす。

ＷＯＷＯＷが連続顧客減から脱し、十余年顧客を増やし続けてきた背景には、こうした努力、つまりリテンションマーケティングがあったと私は考えています。

人口が減少し、経済が成熟期を迎えた日本で、優良顧客とともに歩むリテンションマーケティングは今後ますます重要になります。

お客様をしっかり見てリテンションマーケティングを行うことで、停滞している会社も生まれ変わる可能性があることは、まだまだ多くの会社では認識されておらず、とても残念です。そして、それをお伝えしたいと考え、この本を書きました。

執筆にあたり、多くの方のお力添えをいただきました。

私を「解約防止部」の部長に据えてマーケティングに触れるきっかけを作り、鍛えてくださった当時のＷＯＷＯＷ社長、和崎信哉さん（現ＷＯＷＯＷ取締役相談役）には、経営者としての判断の背景を聞かせていただきました。

「解約防止部」の部長、マーケティング局長、ＷＯＷＯＷコミュニケーションズ取締役の頃に、一緒にリテンションマーケティングに取り組んだ同僚の皆さん、ＷＯＷＯＷ広報部の皆さんには、年月日や当時の施策効果など、私の記憶が不確かな部分を助けてもらいました。

またＷＯＷＯＷ卒業後にコンサルティングをさせていただいた企業の皆さまには、実際の業務で関わった範囲を超えるお話を改めてお聞かせいただきました。

そして「優良顧客とともに歩むリテンションマーケティング」というテーマの大切さを

理解いただき書籍化してくださった、ダイヤモンド社第二編集部の木村香代さんは、遅筆の私を叱咤激励しながら背中を押してくださいました。

皆さま、本当にありがとうございました。心から感謝いたします。

企業の営業やマーケティングの業務に携わり、顧客を増やせず困っている皆さんに、この本が少しでもヒントになることを祈って。

［著者］
大坂祐希枝（おおさか　ゆきえ）
マーケティングコンサルタント。元株式会社WOWOWコミュニケーションズ取締役営業本部長。
東京学芸大学卒業。日経ラジオ社、東京メトロポリタンテレビジョン（TOKYO MX）を経て、有料放送のWOWOWに入社。
2006年、解約増加による４年連続加入者減少を受け新設された「解約防止部」の初代部長に就任。顧客を引き留めるリテンションマーケティングを実施して加入者数減少に歯止めをかけた。その後マーケティング局長に就任し、新規獲得からエンゲージメントの全体を担当。2014年、WOWOWコミュニケーションズ取締役に就任。WOWOWグループ初の女性取締役、かつ男性中心の放送業界において希少な営業部門の女性取締役となった。
2016年退社。現在、東証一部上場の学習塾最大手、明光ネットワークジャパンの執行役員を務めるほか、「優良顧客とともに歩むリテンションマーケティング」に関する講演、執筆に活躍している。

売上の８割を占める
優良顧客を逃さない方法
――利益を伸ばすリテンションマーケティング入門

2018年８月８日　第１刷発行

著　者――大坂祐希枝
発行所――ダイヤモンド社
〒150-8409　東京都渋谷区神宮前6-12-17
http://www.diamond.co.jp/
電話／03･5778･7234（編集）　03･5778･7240（販売）
装丁――竹内雄二
本文デザイン･DTP――岩野和政（Peperoncino Grafico s.p.a）
イラスト――坂木浩子（ぽるか）
製作進行――ダイヤモンド・グラフィック社
印刷――八光印刷（本文）・加藤文明社（カバー）
製本――宮本製本所
企画協力――松尾昭仁（ネクストサービス株式会社）
編集協力――平 行男
編集担当――木村香代

ISBN 978-4-478-10366-1